生命，因閱讀而大好

守護我 的
關係心理學

認識 4 種溝通類型
×
49 個心理圈套

用英國 IAPT
10 週關愛課程
照顧自己

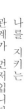

나를 지키는
관계가 먼저입니다

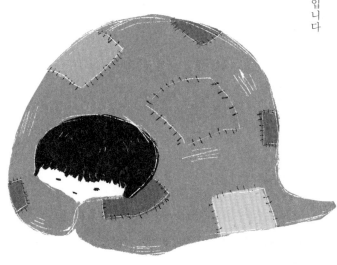

英國認知行為心理治療師
安潔拉‧森（안젤라 센）著

張召儀 譯

不受任何人擺布的「我」

「我是英國公立醫院的心理治療師。」

在初次見面的場合介紹完自己的職業後，有些人會開玩笑地要我猜猜看他們的心理，除此之外，多數人的反應都很類似：「哇！好厲害！」接著，不輕易表達內心想法的英國人，會突然開始吐露自己的心裡話，從「陌生的邊緣人」變成「話題參與者」。他們端著酒杯圍成一圈，各自分享「心理治療的經驗」。

「我去年也接受過幾個月的心理諮商」，艾蜜莉表示自己被診斷出恐慌症。

「以前我是去私人診所，現在則在公立醫院接受諮商。」只要稍有鬆懈憂鬱症就會復發，盧卡斯因此過上半隱居的生活。接著，庫馬爾附和道：「我也在那裡接受過幾次心理治療。李恩，你呢？」

李恩似乎對這種情況有些陌生，尷尬地站在原地，表示自己沒有接受過心理治療。聽完他的回答，眾人全都嚇了一跳，瞬間把視線集中在李恩身上：「真的嗎？你是不是有什麼問題？」

「沒問題」反而被認為「有問題」，這種情況十分可笑。但是，從這段插曲中可以看出，在英國，心理治療不再是需要迴避的話題，也不會因此被貼上標籤。

　　實際上，在英國平均每五人就有一人患有需要治療的憂鬱症或焦慮症狀。在青年族群中，每兩人就有一人罹患憂鬱症。據統計指出，精神疾患造成英國經濟每年損失約九百多萬英鎊（約三億七千多萬新台幣），而且負擔日益加重。這樣的問題，僅出現在英國而已嗎？

　　單從自殺率來看，韓國是英國的三倍左右（台灣約為英國的兩倍）。如今，亞洲人更加關注生活品質，要求也明顯地增加。與過去對精神健康問題遮遮掩掩的態度不同，各種心理治療的訊息頻繁出現在媒體上。隨著大眾的標準與期待值逐漸上升，各國醫學界是否能回應社會的需求呢？二〇一三年，韓國保健福祉部根據經濟合作暨發展組織（OECD）的提議，分析了韓國現有的精神科體系，並試圖尋求解決方案。當時，OECD向韓國政府提出的主要建議，就是引進英國的「IAPT」心理治療模式。「IAPT」究竟是什麼，OECD為何會提出這樣的建議呢？

我們都需要治癒心靈的良方

在需求大於供給的情況下，英國政府為了將心理治療普及化，特別制定了相關政策，也就是以「認知行為心理治療」為主軸的「公共心理治療中心」（Improved Access to Psychological Therapies，簡稱IAPT）。英國政府在全國各地設立IAPT，組成緊密的精神健康照護及社會安全網，讓每個人都可以免費使用。在任何一個國家，都找不到像英國這樣由政府系統性經營的大規模諮商中心。

英國公立醫院在人力雇傭和經營方面全額採用稅金，所以會對心理治療師和臨床心理學家進行徹底地審核與管理，唯有在衛福部核准機構中取得資格證的專業人士，才能在IAPT裡任職。換句話說，IAPT可謂是「心理治療的品質標章」。專業、系統化、方便等特色，讓IAPT獲得熱烈的反響，成為每年有一百六十萬人造訪的「國民諮商所」。

反之，韓國的狀況如何呢？十年前，OECD認為韓國人的精神健康狀態與英國一樣危殆，建議韓國政府仿效IAPT，系統化地建立兼具專業與普及性的地區醫療中心。即便政府付出了許多努力，至今仍然有些難題尚待解決。「假如無法馬上引進IAPT，現在的我可以做些什麼呢？」以此為契機，我開始為讀者構思自我關懷的良方。

過去的十五年裡，我在倫敦的診療室中，與一千五百名左右的來談者，度過了一萬五千多個小時。每小時針對一個人進行深度的諮商與照護，是一件充滿意義的工作，但我依舊想找到其他方式，希望為更多人帶來幫助。「有沒有辦法在一小時內，對十個人、一百人產生助益，而不只侷限於一人呢？」

　　雖然很難將英國的IAPT直接套用到韓國，但我認為有些部分可以嘗試。我是少數能以韓語溝通、獲得英國公家機關認證的心理治療師，因此，我打算以長期的臨床經驗與心理諮商為基礎，將許多人都需要的日常心理技巧，以實用、具體、可輕鬆實踐的方式編寫成冊。而最終歸納出來的主題，就是「不受他人擺布，守護自我的健康溝通技巧」。

　　人生在世，我們會夾在許多人際關係之間，因溝通問題而受傷。在倫敦的諮商室裡，也有許多來談者如此，他們來自五十多個國家，年齡橫跨十八歲到九十二歲。不分年齡、國籍與性別，每個人都有類似的煩惱：「我為何那麼容易受擺布？」

　　這個問題，亦反映出我童年的創傷。我經歷過相似的困境，微弱、低沉的嗓音，就是其中一項令我感到自卑的原因。「講話大聲的人獲勝」，面對這種簡單的遊戲規則，我總是輸的那一方。此外，「哭就輸了」這項規則也對我十分不利，很多時候我在正式競

爭之前，就已經一敗塗地。長此以往，我開始閃躲需要大聲說話或與其他人爭辯的場合；因為害怕給他人帶來麻煩，於是漸漸地忽視自我需求，一味地順從他人的意見。這些行為，都是為了避免不利的爭鬥和接二連三的失敗，隨之產生的自我保護。

但是，這種生存法根本不可能長久持續。不停地自我折損，只在心裡燃燒的戰意，最終將我的自尊心熔為灰燼。自認為足以保護自我的方法，實際上並未發揮作用。在這場看似「講話大聲的人獲勝」、「不示弱就能贏」的比賽裡，該怎麼做才能守護自己免於侵擾呢？

守護自我的人際關係與溝通技巧

很多人在關係或溝通方面，傾向於自我責怪，而難以將內心話說出口的個性，更導致自己經常受他人左右。其實，溝通能力不完全取決於先天個性，而是能靠後天養成的一門技術。年過八旬的白髮紳士，也會在人際關係上不斷吃虧而感到倦怠，最後選擇到諮商室求助。因此，只要願意起步，就沒有所謂的太遲。「溫暖而堅毅，親切卻不軟弱」，一定有所謂健康、平衡的對策，能讓我們在守護自我的同時，既不影響他人，也不被他人左右。

不破壞氣氛，勇敢說出心裡話、擄獲好感的溝通法、不被動搖的

應對訣竅⋯⋯等，生活中充斥著大量的資訊，但我們卻經常找不到方向。即使把各種情境的應對方式當成正確解答一樣背下來，問題也未必能獲得解決。因為在人生中，並非只會出現相同的考題。由此可見，我們真正需要的不是魚，而是捕魚的方法，對吧？

我們需要的，是可以在生活中持續應用的技巧，而非預設情境或一次性的療癒。無論是哪一種人際關係，都會面臨大大小小的矛盾，但問題不在於矛盾本身，而是我們對矛盾所做出的反應：有時會受傷，有時也會對他人造成傷害。明明連自己的心都摸不透，卻企圖了解他人的想法，或一味地煩惱應該與誰「絕交」。其實，健康的溝通不在於讀懂他人的心意，而是要穩住重心，先與自己的心展開交流——這就是我們現在要學習的課題。

或許你曾看過許多以「溝通」為題的書和YouTube，但至今為止，仍然很難把內心話說出來。問題究竟出在哪裡呢？首先，因為我們沒有好好學過什麼是健康的溝通，以及具體該如何實踐；其次，就算我們想學以致用，憂慮和恐懼也會形成阻礙；最後，是我們的心已經過於習慣受他人左右。換言之，學習、練習與除錯，必須要能同時推進。

這本書，就像IAPT實際的十週諮商進程，大致由三個區塊組成。第一章至第三章，是所謂的「基本原理」，旨在說明健康溝通

的概念；第四章至第五章為「基本技巧」，亦即如何正確讀懂自己的心，並且用健康的方式傳達出去；第六章至第九章，是適用於拒絕、失望、批評、稱讚等實際情況的「應用技巧」，介紹了各種阻礙溝通的心理陷阱，並提供自我診斷與化解困境的方法；最後一章，則是具體的實戰練習，用以擺脫被牽著鼻子走的溝通習慣。

看著在人際關係中進退維谷、深受創傷的人們，我一方面是治療者，一方面也有種同病相憐的感慨。這是經歷相似之人，互相撫慰傷痛的嘆息與憐憫，也是我自己內心獲得治癒的過程。站在母親與治療者的立場，我盼望能將這些知識與經驗傳遞出去，也希望在天上的母親，能夠聽到我那來不及說出口的「謝謝，我愛你」——這便是我提筆寫書的初衷。感謝女兒和老公總是耐心地給予支持；來不及看到這本書的媽媽，雖然晚了一步，但我仍想藉此表達內心的愛與謝意。

如同在倫敦諮商室與來談者共度的時光，願這本書也能為讀者們帶來助益，擺脫他人的操控與影響。在此獻上我的鼓勵和支持。

Contents

第一章

◆

為何我如此
搖擺不定？

看似悠然自得的人，
有時也會在內心深處發出悲鳴。

—夏目漱石，《我是貓》

◇◇ 為什麼我總是被牽著鼻子走？

當詢問臨終者有哪些遺憾時，最常聽到的回答就是「沒能把心底話說出來，總是受到他人左右」。人在一生中會與許多人相識、共度，但為什麼在臨終前會因某些沒說出口的話，而感到追悔莫及呢？究竟是怎麼回事？

事實上，很多人都有類似的煩惱。人是社會性動物，任誰也無法完全離群索居。在社會上建立各種人際關係時，我們能如實地說出多少心裡話呢？又有多少人能不受他人影響，活得自信又瀟灑呢？這樣的人其實非常少。無法自在表達出心聲，不單單只是因為對方具有優勢，例如地位比我高或者比我年長等，面對朋友、戀人、家人等親密關係，我們也經常無法說出內心話。為什麼我們總是會被牽著鼻子走，不敢把自己的想法說出來呢？

▌啃噬心靈的焦慮與不安

幾年前第一次來到諮商室的芝賢*，也有著類似的煩惱。芝賢總是會受到他人影響，無法把自己真正的心聲表達出來，因此在人

際關係上遭遇困境。在公司裡，她經常無法拒絕請託，接下不屬於自己業務範圍的工作；而當自己真正需要幫助時，卻難以向同事開口。此外，有時聽到朋友說些傷人的話，她也不敢表達出抗拒或厭惡，而是一個人反覆地咀嚼，為此徹夜難眠。每次想反擊對方或表現出不悅時，內心就會忍不住充滿擔憂。

「是不是我太敏感了？」

「會不會反而是我傷害了對方呢？」

「這樣下去萬一吵架怎麼辦？或是情緒太激動，忍不住爆炸了呢？如果說不出話或是當場流淚，又該如何是好？」

「萬一沒有人站在我這邊怎麼辦？會不會到最後只有我一個人被指責？」

「若氣氛因為我而變得尷尬，該怎麼收場呢？以後也一直很僵的話怎麼辦？」

雖然腦海中想像著痛快打對方一拳的樣子，但各種憂慮和顧忌卻讓她選擇了保持沉默。攬下來的工作造成身心俱疲，無法排解的擔心與焦慮，逐漸堆積成憤怒。這些情緒一點一滴地化膿，開始侵蝕芝賢的心。

＊書中登場的人物皆為化名。不分國籍、性別與年齡，大部分來談者皆吐露了類似的煩惱和痛苦。

「我看起來好欺負嗎？」

埋怨著那些影響自己的人，陷入憤怒的漩渦，但又會立刻感到絕望與挫敗，因為自己什麼也做不了。最後，憤怒的矛頭指向了自己。

「都是我的錯，才會這樣被牽著鼻子走⋯⋯」

有時，芝賢也會小心翼翼地表達感受，盡可能不讓對方傷心，但只要對方看起來有一絲絲不悅，當天晚上她就會失眠。

「大概是因為我的話而受傷了吧，早知道就不要那麼說。」彷彿自己給對方造成了無法抹滅的傷害，芝賢表現得戰戰兢兢，更擔心關係就像破碎的花瓶，即使重新拼湊，也無法再像從前一樣。「他應該會覺得我是壞人吧？以後會不會完全不理我呢？」憂慮逐漸擴大，然後開始擔心起根本沒發生的事。「他不會跟其他人說我的壞話吧？聽到這件事的人，會不會也對我產生負面評價？」芝賢沒來由地感到自責，反覆思考自己有沒有說錯話，對過去的事情進行一連串檢討。接著，她會因一湧而上的後悔與罪惡感，變得無比憂鬱。

其實，芝賢根本不知道對方是否不高興，或許對方沒有絲毫的不悅，一切只是她自己的猜想與揣測；又或者對方雖然有些不開

心，但下次見面時，早已將此事拋諸腦後，只有芝賢獨自陷入痛苦，想像著最壞的情況。

不願拒絕，也不想被拒絕

在職場上，芝賢的責任感很強，是待人親切的「優秀員工」。此外，每當友人遭遇困難，她都會即時伸出援手，是讓人倍感「踏實的朋友」。違背這種期待，對她來說就如同背叛一樣可怕。芝賢會推遲自己手邊的工作，優先完成同事的請託；面對朋友的邀約，即使自己狀態不好，也會選擇勉強出席，甚至取消個人的重要日程，來逐一消化、遵守與他人的約定。然而，芝賢雖然滿足了眾人的期待，但他們卻渴望獲得更多。

「為什麼不管我怎麼付出，對方都只會要求得更多呢？是人們太自私了，還是我做得不夠好？」

「再多我也做不到了」這句話，芝賢始終無法說出口，因為她不想讓人感到失望。長此以往，人際交流不再有快樂，只是一種應盡的責任；心中的埋怨日積月累，為了壓抑不斷湧出的憤怒，「人際關係」只剩下倦怠。

好不容易才來到諮商室的芝賢，已處於非常疲憊的狀態。她從六個月前開始，就一邊準備升職考試，一邊辛苦地完成手上的工

作。儘管如此，無情的人們依舊只期望獲得而不願付出，一句話都無法反駁的芝賢，覺得自己彷彿是個傻瓜。考試落榜後，長期隱忍的問題還是爆發了，最終她選擇躲到自己的房間裡──逃進一處安全地帶，不需要拒絕他人，也不會受到拒絕。

芝賢雖然需要幫助，但因為害怕被拒絕，所以不敢向任何人求援。被他人拒絕，就像是自己的存在受到否定，芝賢對此充滿了恐懼，於是在提出要求之前，內心就感到受傷。對她而言，拒絕相當於「我討厭你，你不是值得我花心思的重要對象；你很麻煩，對我來說是個負擔」，如同宣告一段關係的滅亡。因此，芝賢一直以來都費盡心力，只為了不拒絕他人、也不被他人拒絕。

▌健康的溝通，才能建立健康的關係

從結果上來看，芝賢或許對每個人而言都是好人，但她卻未能好好守護自己；雖然是位值得信賴和依靠的朋友，但在自己需要協助時，卻沒有地方可以求援。對於這樣的自己，她感到加倍的憤怒：

「為什麼我總是被牽著鼻子走呢？」

而芝賢似乎也已經知道了答案。

「假如我拒絕對方，或者說出自己的意見，坦率表達出不愉快的情緒⋯⋯對方會不會覺得無禮或不高興呢？」

芝賢很清楚自己的憂鬱和不安是關係的癥結，尤其是自己的態度極易受到他人左右。不過，在慌張和情緒激動的情況下，她總是會變得躊躇不前。雖然不想受他人擺布，但類似的行為卻反覆出現。

若想不受他人左右，勇敢表達自身的想法，就必須懂得如何健康地溝通。所謂「健康的溝通」，除了指不被他人影響，說出自己的心裡話之外，還包括仔細傾聽對方的聲音。

唯有健康的溝通，才能產生健康的互動。我們經常在溝通上遭遇困境，理由大致可分為三種：首先，是不曉得何謂不受他人左右，勇敢地說出心裡話，以及具體該如何實踐；這種情況，會導致溝通的自信心下降。其次，我們雖然知道該怎麼做，但憂慮和恐懼形成了束縛，對溝通造成阻礙。第三，即使擺脫了自我束縛，心靈卻仍依據過往的習慣「迅速反應」。

在第一章，我們會先了解何謂健康的溝通，並進一步分析在溝通上經常產生的誤會。

◇◇ 溝通不是勝負之爭

健康的溝通可以定義為：「表達自己的想法和情感，坦率、明確地傳達要求，同時尊重彼此權利的對話。」進一步拆解的話，大致可分為以下三個要素：

1. 健康的溝通，在於表達我的想法、情感和要求，並承擔相應的責任。
2. 健康的溝通，必須同時尊重我和對方表達的權利。
3. 健康的溝通，不在於性格，而是技巧。

▎健康溝通的起始

健康溝通的第一要素，就是明確、自主地表達想法、感受與渴求。我的想法完整地屬於我，情感和渴求亦然；相對地，我有多少選擇的自由，就必須承擔多少責任，對方也一樣。

第二個要素，是認同對方也有自由表達的權利，就像我也有權利說話一樣。以溫暖和體貼來尊重對方表達的權利，不等於凡

事迎合，或者無條件同意對方的想法，更不是代替他承擔情感和責任，一塊被捲入其中。當然，也不是因為難以拒絕，就全盤接受對方的要求，否則的話，便是只尊重他人，而犧牲了自身的權利。光是認同對方也有自己的想法、情感與渴求，同時擁有表達的權利，就足以算是健康溝通的起始。所謂健康的溝通，並非一定要同意對方、給予共鳴或解決問題。

第三個要素，是溝通不在於性格或素質，而是技巧問題。健康溝通的能力並非與生俱來，而是源於後天培養。換句話說，任何人只要願意學習與練習，就能養成良好的溝通力。因為溝通能力並非取決於天生的性格，所以不管有多出色，都可能在某個瞬間受他人左右，或者因難以啟齒而深感懊悔等等。就像運動員即使練習過數萬次，也很難完全避免失誤。

此外，我們在生活中或許會遇到類似的情況，但不可能每次的情境都一模一樣。溝通就像一道道全新的習題，不能只仰賴同一個答案去解決。亦即，溝通是透過嘗試錯誤進行學習，所以沒必要因為失誤而過分自責。之所以把溝通稱為「技巧」，是因為「即使具有天賦，不啟蒙就難以有發展」；反之，只要願意學習、練習，任何人都可以做得很好。不過，失誤總會找上門來，在溝通方面自然也不例外。

不被他人左右，也不試圖操控他人

如同每個人的長相各異，我們過去的生活經驗，抑或是當下身處的情境皆十分多元；就算遭遇相同的情況，看待事情的觀點與反應亦十分多樣。因此，當人們聚在一起、互相交流時，出現意見分歧，或因目標不同而產生摩擦，都是非常自然的現象。彼此間的觀點差異和利益衝突，有時很難找到平衡點，甚至最後沒能互相理解、得到想要的事物，只是認知到立場的差異，關係就已畫下句點。在人際關係中，如果連微小的衝突和噪音都沒有，很可能是其中一方為了從源頭上封鎖矛盾、迴避問題，過度採取被動態度，成為一種不均衡的關係。又或者是遵循沉默的約定，覺得應該避開「不舒服的對話」，在溝通上並不順利。

問題不在於矛盾本身，而是我們對矛盾所做出的反應。無論是哪一種人際關係，都不可能提前預防或消除所有的不適感。健康的溝通，就是在難以調解的衝突情境裡，以基本的尊重為基礎，把重心放在「共同理解並解決問題」，打開溝通的管道，而非一味地互相指責。因此，溝通不是講求勝負的戰場，而是彼此合作的平台。

很多人會苦惱在表達自身想法時，該怎樣才能溫柔而堅決、親切卻不容小覷。在不失溫暖與關懷的同時，又能果斷地說出該說

的話，這種健康的溝通，就是在看似兩極的方向之間，達成微妙的平衡；是不被他人擺布，也不試圖操控他人，能夠彼此守護的應對之道。

在保護自己的同時，卻對他人造成傷害，如此就不算是健康的溝通，而是「攻擊型溝通」。反之，像前述的芝賢一樣，在照顧他人的同時，卻無法好好守護自己，進而出現自我攻擊的態度，這種情況稱為「被動型溝通」。此處有一點很容易被忽視，那就是不光他人會對我們造成影響，有時自己也會成為動搖的主因。例如芝賢的案例，即便他人沒有刻意牽引，她也會被自己的想法和情緒左右，以至於無法表達內心真正的感受。換句話說，「健康的溝通」意味著不被他人影響，同時也不被自己的想法或情感牽絆。

那麼，如果將「攻擊型溝通」和「被動型溝通」結合呢？有一種更加複雜、微妙的「被動攻擊型溝通」，又被形容為「高尚」或「痛快」的反擊。這種類型的人，表面上看似採取被動姿態，但實際以攻擊做為最終目的，也不屬於真正健康的應對。針對溝通類型，將於第二章更加詳細地說明。

◇◇ 對健康溝通的誤解

在前文中，我們談到了何謂「健康的溝通」，亦即「清楚且具體地表達出自己的想法、感受與渴求」。許多人會受到各種情況左右，無法好好地傳達個人觀點、情緒及需求，同時對健康溝通缺乏明確的認知。對於溝通，常見的迷思有哪些呢？

「不受他人左右，說出自己想說的話」，很容易讓人聯想到果斷、坦率、堅韌、暢快、固執、勇敢等字眼。人們相信，具有這類「性格」的人，通常能夠不受影響地暢所欲言。但是，這些特徵真的是健康溝通的必要條件嗎？讓我們來看看有哪些誤解，對真正的溝通形成了阻礙。

▌誤解一：若「懂得說話」該有多好

有些人因為口才不佳，所以很難表達自己的心意。不過，人們對於「口才好」似乎有些誤解，並非一定要詞彙或句子表達能力出色，才能好好地說出心裡話，口才佳也不等於擅長溝通。用華麗的詞藻包裝文句，欠缺實質的內容，只是模糊焦點來攻擊對

方，或者滔滔不絕地自說自話，都不屬於良好的溝通。有時，比起卓越的口才，充滿真誠的一句話，更能深刻地打動人心。若想順利進行溝通，必須以真誠的語言和互相守護的心意為基礎。接著，當你清楚認知到自己的想法、感受與需求時，思緒會變得清晰，言語也會隨之變得有條理。

健康的溝通法，並不是為了迎合對方、證明存在感或引人注目的話術，也不是將缺乏真心實意的話說得天花亂墜。健康的溝通，是表達真實自我最有效的方式，且除了「明確表意」之外，還包含了「仔細傾聽」——因為溝通，始終立基於雙方的交流。

▋ 誤解二：說話必須「果斷」

我們經常用「果斷」來形容「不受動搖地說出自己想說的話」這種特質，但是，很多人會把強勢、斬釘截鐵、直白等「冷漠且具攻擊性的態度」，誤認為是「果斷」的一種。果斷意味著對自己的想法、感受和需求相當明確，然而，即使態度堅決，也沒必要用「我說的話就是對的」、「我有說錯過嗎」等方式，過於自信或冷酷地進行表達。因為稍有不慎，這種態度很容易成為攻擊型溝通，而非健康的溝通。反之，明確地察覺並表達自己的心意，這種果斷的態度，就是展開健康溝通的第一步。

健康的溝通與攻擊型溝通，在「堅定表達心意」這點上是相同的。但是，健康的溝通會將彼此的矛盾，視為解決問題的機會和過程；而攻擊型溝通則傾向認為這種情況是勝負之爭，因此溝通的目的不在於和對方一起討論或協商，而是一定要取得勝利，不管用什麼方式都要占據優勢、控制對方。以這種方法單方面表達自身的想法和情感，或強行貫徹個人的要求，就屬於攻擊型溝通。

被動型溝通也同樣將矛盾視為勝負之爭，覺得自己若在當下果斷地說出心裡話，就會成為對他人造成傷害的壞人，因此即使有話想說，也會事先陷入恐懼：

「我擔心他人會因我而受傷，所以變得小心翼翼。」

芝賢不想成為受害者，卻也無意成為加害人。因此，她在被動型溝通與攻擊型溝通之間感到迷惘，有時雖然想表達自己的想法，但恐懼和憂慮總是橫亙在前。贏了就會產生罪惡感，輸了就會引發挫敗感，最終自然失去溝通的本質。若認為「果斷」是以攻擊型的態度守護自我，就會對改變產生恐懼與排斥。但是，「果斷」的目的是明確劃分出彼此應該遵守的界線，也是健康溝通的必要條件。

誤解三：說話「坦率」會更好

芝賢覺得大學前輩勝鉉總是能果斷地說出心裡話，而勝鉉則自認為非常坦率，是不記仇的「直腸子」類型。對芝賢來說，勝鉉毫無顧忌、直言不諱的說話方式，代表著「心志堅強」，有時甚至令她感到羨慕。不過，一向直白地表達自身想法與情感的勝鉉，卻無法容忍他人的直來直往。假如有人因為自己的話當場皺眉或生氣，勝鉉就會加以批評，藉此堵住對方的嘴。

「你幹嘛這麼嚴肅？會破壞氣氛。你真的很敏感又愛記仇，我對你好失望。」

這種「坦率又理直氣壯」的態度，乍看之下似乎能夠不受動搖，勇敢地說出心裡話。但這樣的「率直」，能算是健康的溝通方式嗎？實際上，勝鉉被自己消極的想法和情感左右，把該說和不該說的話，都在未經修飾的狀態下丟出來。這種「未經過濾的坦率」，雖然守住了自己的權利，卻沒有對他人表現出尊重，因此不屬於健康的態度。就像在共同生活的世界裡，我們不會光著身子而自認為坦率，因為欠缺思考的直率，其實是一種無禮與冒犯。

誤解四:「別退縮」,要勇敢

想達成健康的溝通,勢必得面對尷尬的情況,勇氣是不可或缺的要素,這點應該所有人都會認同。但是,這樣的勇氣,並非來自於不肯退縮的固執,而是一種柔韌的表現。多到數不清的變數,彼此的利益與損失糾纏在一起,在這種複雜的人際關係中互相理解、共同解決問題的過程,就是所謂健康的溝通。因此,若能根據情況靈活應對,就愈有可能找到創意性的解決方案。靈活的態度,指的不是任意改口的說謊精,或者容易妥協的膽小鬼。面對情況發生改變,人們有時仍然會堅持自己的方式,單方面地予以推進;而所謂的「靈活」,就是能夠果敢地放棄過往的習慣與舒適,進一步考慮創新選項的開放心態。這種靈活,需要勇氣做為支撐。

尚宇和女友結束約會行程,返家途中在狹窄的巷子裡與人發生了爭執。面對這種情況,奮起抵抗、絕不退縮的話,就算是勇敢嗎?如果在人跡罕至、漆黑的地方與多名健壯的男子發生衝突,這種意氣用事的做法是不恰當的。或許,為了自己和女友的安全,盡快離開才是最佳的選擇。若堅持「逃跑就是膽小鬼」,或一定要「理直氣壯地反抗」、「透過對話來解決」,就是不考慮現實情況的僵化思維。堅守這種態度,或許可以安慰自己是「奮戰到

底」，但實際上可能會危及自身安全，還讓女友一起置身險地。就價值觀而言，口袋裡的錢和扭曲的「自尊心」，不比人身安全來得重要，因此，表面上看似消極、被動的迴避，可謂是最好的選擇。對方也一樣，若傷到了人，情況就會變得複雜，最後導致雙方都得不償失。

在日常生活裡，或許也有必須挺身而出、據理力爭的狀況，這時，應該思考一下透過爭吵能獲得什麼，並判斷是否有其價值。根據時刻變化的情境，靈活地分辨哪些時候需要站出來，就是具備勇氣的決斷。

那麼，家人之間的關係呢？愈是親近的關係，就會有愈多付出和期待，進而侵害彼此的領域，累積更多的創傷。這種時候，如果只強調溫暖與關懷，強迫雙方拉近距離，反而會陷入難以恢復的狀態，有失去彼此的危險。

除了維繫或斷絕關係的二分法，我們還有很多其他選擇。退一步靈活地應對，「保持安全距離一段時間」，或許反倒能成為健康的溝通。就像沉默可以成為對話的一部分，保持距離也是一種溝通的方式，這種想法並非固執，而是柔韌的表現。靈活應對，將會成長為面對人際僵局的自信與勇氣。

自我關懷

1. 沒有人能不受外界影響，隨時隨地說出自己的心裡話。根據情況和對象不同，我們有可能被左右，也有可能對他人形成控制。但是，如果你經常搖擺不定，很難與他人溝通並維持關係，就應該檢視一下自己的溝通型態，學習更健康的溝通方式。

❶ 我是否容易受到他人影響？這是否讓自己在工作上或人際往來方面變得困難？了解自己的現狀與問題，是邁向健康溝通的第一步。

_____

_____

❷ 影響我的有時是他人，有時是我自己。請試著回顧一下，是什麼樣的想法和情感，讓自我感到壓抑？

_____

_____

❸ 在周圍的人當中，有沒有哪個人是你認為「暢所欲言」的類型？為什麼這麼想呢？讓我們仔細分析看看，對方的溝通型態是否真的健康，或者只是你對健康溝通存有誤解。

_____

_____

2. 讓我們透過「危機狀況檢核表」，審視看看自己在哪些情況特別容易受到影響。下表中，水平欄位對應的是「對象」、垂直欄位對應的是「狀況」，請試著在每一個空格裡填入0～5的分數。0分代表「我經常搖擺不定，很難說出自己的想法」；5分代表「我能夠不受動搖，坦白地說出心裡話」。

	親近的人 （家人、戀人、配偶等）	親近的朋友	熟人／相識的關係 （朋友的朋友、鄰居等）	具有權威的人 （上司、老師、家中長輩等）	公事上的關係 （公司同事、客戶等）	陌生人 （店員、路人等）
表達負面情緒 （不適、生氣）						
批判、指責						
被批判或指責						
提出不同意見						
提出需求						
拒絕						
被拒絕						
表達親近感						
稱讚或被稱讚						
提問或發表						

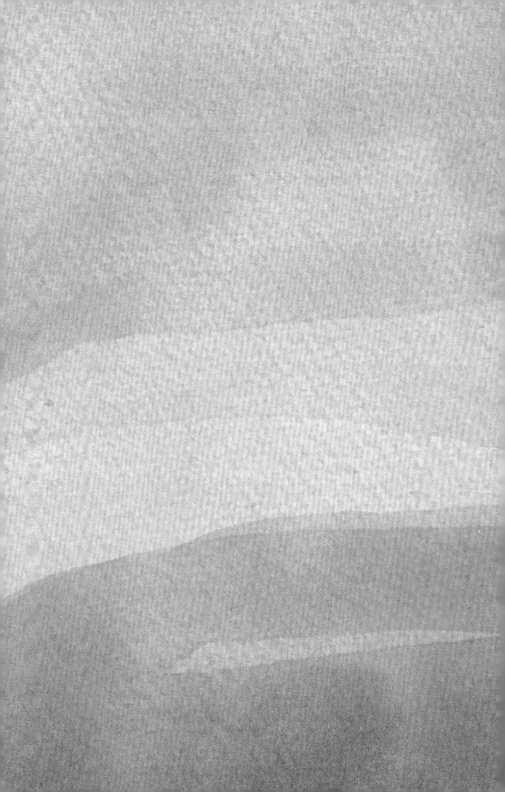

第二章

◆

什麼樣的人，
才不容易受擺布呢？

要自己度自己，不要依靠其他。
要為自己作照明。

—釋迦牟尼最後的教誨

◇◇ 溝通也有類型之分

　　雖然每個人溝通的方式各不相同，但大致可分為幾種類型。溝通類型不是與生俱來的性格問題，而是能藉由後天學習的技巧與態度。因此，一個人的溝通類型不會永久固定，隨時都可能發生「態勢轉換」。平常攻擊性強的人，可能會根據情況採取被動的態度；經常隱忍、習慣被牽著鼻子走的人，積累的憤怒也有可能瞬間爆發，變得帶有攻擊性。此外，在外表現得非常溫柔的人，在家中也可能有強勢的一面。就像這樣，溝通方式可以不斷地轉換。但是，若某種溝通方式像習慣一樣反覆出現，成為固定的型態，並且在人際關係上造成阻礙，就有必要檢查看看自己屬於哪一種溝通類型。

▌與他人無關，重點在於自我了解

　　在第二章裡，將溝通方式分為被動軟柿子型、推土機攻擊型、繞圈子被動攻擊型、健康果斷型四種，並進一步分析各類型說話與行為的特徵。但是，在開始拆解各溝通類型之前，必須先理解

一些注意事項。

　　首先，溝通方式的四種類型，並不等於性格測驗。把溝通類型當作評價自我或他人的基準，或者以此為基礎來劃定界線，認為「某個人與我不合，應該不要來往比較好」，反而會對溝通造成妨礙。尤其是必須維持一段無法輕易斷開的關係時，例如同事或家人等，這種應對方式沒什麼幫助。若反覆以此方式斷絕或迴避關係，而非試圖解決矛盾，就有必要意識到自己的溝通類型偏向「被動軟柿子型」。請務必記住，觀察和解釋溝通的各種類型，目的只在於自我認知與檢視溝通方面的問題。

　　第二，分析溝通類型，不是為了把焦點放在他人身上，而是要堅守自己的重心。在社會生活裡，有些人特別難相處，這種時候，人們自然會好奇：「他為什麼做出這種行為呢？」俗話說「知人知面不知心」，在摸不清他人的想法時，很容易引發不安與焦慮，然後希望透過分析、猜測對方的心理來解決問題。

　　如果某個對象特別讓人感到困擾，理解對方的溝通類型當然有所幫助。但是，最好將此當作釐清「情境脈絡」的工具，也就是在何時、何地、和誰在一起時，自己較易受影響，進而理解自身的溝通模式。換言之，重點不在於挖掘他人的內心，而是要優先專注於自我理解的過程。我們無法完全掌握或控制他人的心，因

此，如果把重心擺在對方身上，最終一定會迷失方向。若想達成健康的溝通，重點不在於他人的想法，而是要以自己的感受為中心。不管對方屬於哪一種類型，我們的目標只在於讓自己能夠健康、果斷地展開溝通。

◇◇ 一忍再忍的「被動軟柿子型」

第一章提到的案例芝賢，就是典型的被動軟柿子型。這類型的人，雖然不會侵害他人的權利，卻允許他人侵犯自己的權利，甚至還會自我攻擊。被動軟柿子型的人，在產生負面情緒時也不會表露出來，而是先想著迎合對方，所以周圍的人有時很難察覺他們的想法與情感。

即使對方強行推進，被動軟柿子型的人也不會明確劃分界線，而是習慣繼續隱忍，並反覆透露出「這種程度還好」的訊息。因此，即使對方隱約察覺到自己越線，也很容易用「對他來說這應該不算什麼」當藉口，來迴避應該承擔的責任。接著，「對你來說這不算什麼吧」，逐漸變成理所當然的期待，也就是「即使我這麼做，你也應該接受」。侵害對方權利的問題行為反覆出現，甚至變本加厲。

▍被動軟柿子型常見的言行特徵

屬於被動軟柿子型的人，經常表現出過於貶低自己，或者把對

方置於首位的消極態度。因為很懂得體貼他人，耐受度也很高，所以總是被評價為「非常好的人」。當然，適度的謙讓、關懷與忍耐，是為人的重要品德，但任何事物只要逾越限度，就會隨之產生問題。接下來，就讓我們看看被動軟柿子型的人，在說話時有哪些主要特徵：

+ **句子的連接與斷點不明確**：結尾部分含糊拖沓、支支吾吾等。

+ **無法完整地把句子說完**：遲疑、猶豫，經常說到一半打住或乾咳等。

+ **說話時聲音不清晰**：說話時聽起來哼哼唧唧、哽咽、顫抖不安，或者音量過小，沒有高低起伏等。

+ **重點不清楚**：說話拐彎抹角、長篇大論等。

+ **編造理由進行辯解**：「我是想幫你，但⋯⋯」等。

+ **即使內心抗拒，表面上也假裝無所謂**：開玩笑似地一笑置之、自嘲等。

+ **總是迎合對方**：刻意壓抑，不表露自己的情緒或需求；自我攻擊、貶低等。

+ **過分地表示歉意**：在不適當或不必要的情況下，也不斷地說「對不起」等。

+ **提前防禦，避免可能發生的攻擊**：例如以「對不起，很抱歉打

擾你」來表示歉意;「你應該會很傷心、可能會心情不好」來進行推測;「也許我說得不對」、「我的主張不一定就是對的」來分辨是非;「不是什麼重要的事,不必太在意我說的話」來自我貶低;「不是只有我這麼想,大家都這樣說」來迴避責任;「雖然講出這種話很傻,但我就是不太懂」來自我否定等。

藉由自我貶低來表現禮儀和謙讓,是東方品德與文化的特殊性,但若表現得太過頭或經常反覆,就可以算是被動軟柿子型的溝通。

那麼,被動軟柿子型的人,行為上有哪些特徵呢?身體語言又被稱為手勢或肢體語言,根據社會和文化的不同,以多樣的形式展現。例如說話時盯著對方的眼睛,在歐洲代表著尊重與真誠,但在某些情況下,也可能被認為是「不禮貌」。儘管如此,肢體語言仍具有一定的普遍性,有時能傳達比語言更強烈的訊息。

被動軟柿子型的人,在溝通時常見的行為特徵如下:

✦ **姿勢看起來缺乏自信**:如彎曲的姿勢、萎縮的姿勢等。
✦ **散漫的手勢**:反覆摸頭髮、衣服或脖子,或者撕嘴皮、指甲等。
✦ **言行不一**:嘴上說心情不好,但臉上卻露出笑容;一邊勸阻,一邊表現出親切的態度;果斷地表示否定,肢體卻畏畏縮縮。
✦ **防禦的動作**:掩嘴、雙手緊緊地交叉在胸前,或者把手放進口

袋裡等。

+ **迴避的行為**：避開視線、過度保持距離、躲避聯繫或失聯等。
+ **自我壓抑**：表情沒有變化，下巴或臉部肌肉僵硬；身體向某一邊傾斜，看起來不舒服或不自然；經常自我檢視，過度地控制表情和姿勢等。

被動軟柿子型的短期效益與副作用

極易被牽著鼻子走的被動軟柿子型，溝通時似乎只會吃虧，但短期來看也有好處。這類型的人，大多會獲得「善良」或「好人」之類的稱讚，由於他們習慣順應團體規則和他人的要求，能夠「不出風頭」地融入群體，因此被批評或拒絕的風險也較低。只要不向他人提出請求，自然不會被拒絕；不刻意提出問題，捲入爭議的可能性就很小。比起直接面對並解決衝突，被動軟柿子型的人會透過這種方式，迴避、拖延、縮小或隱瞞問題，避免在短期內造成不便，進而減少不安和憂鬱等負面情感。

相對地，其副作用也不容小覷，雖然短期內能降低不安、憂鬱等情緒上的痛苦，但如果持續隱忍、壓抑自我，接受他人的要求，就會逐漸逼近臨界值。假如負面情緒不斷累積，很可能會在某一瞬間突然爆發，變得具有攻擊性。平時性格溫順，但「蓋

子」爆開就一發不可收拾的人，通常屬於這種類型。

如果勉強自己聽取他人過分的請求，就會被困在「好人」的形象中，導致人們的期待與要求愈來愈多。「善良」、「好人」這樣的評價，很容易變成「好欺負」，如此一來，人們的要求自然愈來愈超過，也愈來愈頻繁。「過分的好意，只會換來他人的隨意」，這句話精準地表現出被動軟柿子型「不斷提升他人期待值」的缺點。假如長期持續這種溝通方式，可能會反覆遭遇期待對方做出犧牲的相互依賴關係、單方面過度犧牲的不平衡關係，甚至是具有破壞性的關係。

此外，被動軟柿子型的人代替他人解決問題，相當於切斷對方自己克服困難的機會與責任。雖然表面上看似犧牲，但實際上是以「沒有我不行」的態度，代替他人完成一切，藉此證明自身的價值與必要性，所以又被稱為促進者（Enabler）或「好人情結」。若長期處於這種狀態，會讓對方的無能與依賴肆意蔓延。

◇◇ 時刻備戰的「推土機攻擊型」

推土機攻擊型的人，是只強調自身權利、無視他人權利的一種溝通類型。他們會以攻擊性的態度，去侵犯對方的權利，甚至違反規則、毫無顧忌地暢所欲言，強行貫徹自己的要求。推土機攻擊型的人，完全不顧及對方的心情或意願，隨心所欲地侵犯他人領域，所以經常讓人感到不受尊重或難以溝通。碰到推土機攻擊型的對手，有些人會採取過分的防禦姿態或者奮起反抗，有些人則是適時地輸掉比賽，或者乾脆放棄溝通、避免交流。

▌推土機攻擊型常見的言行特徵

推土機攻擊型，可以說是和被動軟柿子相反的類型。因此，屬於被動軟柿子型的人，在看到推土機攻擊型的溝通方式時，經常誤以為他們「果斷且不受影響」。事實上，推土機攻擊型的人為了自身利益，總是會企圖壓制對方，所以絕對不算是健康的溝通。接下來，就讓我們一起看看推土機攻擊型的人，在說話時會表現出什麼樣的特徵。

+ **語氣強悍且帶有攻擊性**：聲音過大，語氣快速且強烈，或者冷嘲熱諷，以強硬的語氣斷句等。

+ **不聽對方的發言**：阻止或打斷對方，用「你只要聽我說就好」的打壓型語氣說話。

+ **以傲慢的態度說話**：像對待幼童或下屬一樣，以指責、指示、命令的語氣說話，或使用訓斥、勸導的語氣，隨意省略尊稱等。

+ **語帶威脅**：揭露對方的缺點，以帶有威脅的語氣警告對方「最好小心點」等。

+ **發言時對人不對事**：例如針對人種、性別、身體狀況、出身地區、學歷、地位等的歧視或嫌惡，脫離主題的人身攻擊，或者刻意發動攻擊，降低對方言論的可信度等。

+ **強調自己和對方的差別**：無視或貶低對方，像是「這沒什麼了不起」，或者強調自身的地位，如「你應該要向我看齊」等。

+ **把自己放在評價者的位置**：評價對方的優缺點或價值，例如「你應該改掉這個習慣」等。

+ **不顧對方的意願**：過分干涉或強迫他人按照自己的想法思考或行動；以強迫的方式表現出來，讓對方沒有選擇權；反覆提出過分的問題或要求，毫無顧忌地越過對方的底線，或者強硬地提出對方不想要的建議等。

+ **把問題歸咎於對方**：不顧實際情況，一味地批評對方的失誤，或者做出比實際情況更嚴重的指責等。

✦ **把自己的觀點講成事實**：將個人的想法或觀點當作既定的事實，或者把毫無根據的內容斷言成事實，在沒有理由或證據的情況下堅持己見等。

✦ **為了攻擊而提問**：不是因為好奇才發問，而是為了揭露對方的缺點，提出陷阱式的問題。

　　仔細觀察推土機攻擊型的溝通，會發現他們大多不是在對話，而是單方面地自說自話。他們不聽對方發言，只把自己想說的話說完，或者為了發動攻擊，不斷在對方的話裡挑語病。面對推土機攻擊型的人，若採取同樣的攻擊性態度，很容易就會引發衝突。反之，如果被動地進行應對，雖然能獲得短暫的和平，但這樣的關係最終仍然無法長久維繫。

　　那麼，推土機攻擊型的人，在溝通時會有什麼樣的行為呢？

✦ **侵犯他人的領域**：過度接觸、擋住動線、故意把腿張開……等侵犯物理空間或造成他人不便的行為。

✦ **眼神帶有攻擊性**：目不轉睛地盯著對方看、側目斜視、上下打量、從下往上窺視，或者從上往下俯視。

✦ **擺出攻擊性的表情**：皺眉、咬牙切齒、下巴用力或五官僵硬、嘲笑或輕視的表情等。

✦ **擺出威脅性的姿勢**：刻意展現自己健壯的體態，或者身體過度

向對方傾斜，像高高在上一樣給人壓迫感；指手畫腳或握拳等攻擊性行為。

✦ **表現出漠不關心的態度**：身體後仰或轉向坐著，故意不看發言的對象，或者說話時不看對方。

推土機攻擊型的人，主要藉由操控他人來守護自我，若進一步分析他們的內心，會發現這類型的人同樣被自己的想法束縛，無法準確地把真心傳達出去。試想一下，假如我們擁有這樣的世界觀：「生活是一場戰爭，世界非常危險。人們大多是敵對的，每個人都可能互相踩著往上爬，所以進攻才是最好的防禦。在優勝劣汰的世界裡，必須讓自己看起來更強勢。」若用極端一點的話來解釋，對推土機攻擊型的人而言，世界相當於戰場，生活則是一連串的戰鬥；人們非我即敵，而且在同一陣線裡，還有上下尊卑的差異。處在這種關係當中，如果無法獲得優越感，就會相對變得自卑。

從他們的角度來看，溝通是必須取勝的戰鬥，比較和競爭是理所當然的。因此，推土機攻擊型的人，總是想確認對方的戰力，把自己與他人的關係分成位階順序的上下關係，而非單純的水平關係。對推土機攻擊型的人來說，難以預測、無法隨心所欲控制的世界和人，就等同於一種威脅。因為這種不確定的感覺，動搖了他們相信「靠自己的力量，可以在某種程度上獲得調節」的自我控制感，以及相信「靠自己的努力，可以在某種程度上改變生

活」的自我效能感。

每個人都有討厭他人的權利，卻沒有權利傷害他人。就算我喜歡蘋果、討厭奇異果，也沒有權利讓奇異果盡數消失。然而，推土機攻擊型的人，經常將討厭的權利誤解為侵害的權利。他們認為「奇異果」的存在，對自我控制感與自我效能感形成威脅，為此陷入焦慮，於是以「自我防禦」為由，對他人展開攻擊。「因為你做的事本來就該揍」，他們會用這種方式責怪受害者，把自己的暴力行為合理化。類似的案例，都可以透過上述的脈絡來理解。

▌推土機攻擊型的短期效益與副作用

「他為什麼會做出這種行為？」在人際關係裡，有時我們會完全無法理解對方的舉動。面對這種情況，在認知行為治療中會使用「功能分析」（Functional Analysis）的技巧，也就是分析該行動會帶來哪些好處（或功能），藉此理解對方做出特定行為的原因。如果我們透過功能分析來看攻擊性推土機型的世界觀與行為，可以發現他們某些令人費解的習慣，也有一套自己專屬的邏輯或理論。

想像一下在玩具店裡要賴的孩子吧，通常有外人在場時，他們要賴的行為會更加嚴重，像是躺在地上大哭，或者故意吐口水等。雖然這種極端的行為很難理解，但如果用功能分析法來看，

會發現他們的行為都有各自的理由。孩子知道如果強行耍賴，父母就會滿足自己的要求，尤其在外面被其他人看到很丟臉，所以會更快地屈服。透過這種行為，孩子最終獲得了自己想要的玩具，也就是「物質上的利益」。此外，還能提前預防不如意時所感受到的挫折與憤怒，或者快速消除已經感受到的負面情緒，獲得「心理上的利益」。此時，孩子會對自己產生積極的想法與情感，像是「我很堅強、我做得到、我很安全」等，讓內心的問題暫時得以緩解。

就像這樣，如果養育者不能健康地應對孩子的負面情緒，或者只要孩子任性耍賴，父母就選擇屈服的話，這種被動式教養環境，很容易讓孩子養成推土機攻擊型溝通。其次，漠不關心或帶有攻擊性的成長環境，也很可能讓孩子耳濡目染。當長期受到批評與暴力時，軟柿子型的人會選擇迴避或順應，但推土機型的人，則會學習帶有攻擊性的溝通，將此視為保護自己的最佳途徑——亦即，如果不以同樣的方式展開攻擊，自己就會遭受侵害。此外，在養育者對孩子長期放任不管的情況下，為了引起父母關注，孩子也有可能出現攻擊性舉動；如果在成長的過程中，未曾學到要對自己的負面行為負責，日後就有可能發展成推土機型溝通。

如此反覆地透過攻擊來自我保護、獲取想要的事物，同樣的溝通模式就會一直持續。即使違反了紀律或傷害到人，他們也會逃

避受罰，導致行為更加惡化。例如成人後為了得到自己渴望的事物，利用他人的弱點進行要脅、使其出醜，或者不斷耍賴直到達成目的為止，都屬於這種情況。俗話說「聊勝於無」、「有總比沒有好」，為了吸引關注，某些人會用過激的方式對他人進行攻擊，這些行為，就可以用上述的脈絡來理解。

推土機型溝通的副作用，一點也不亞於軟柿子型。雖然在攻擊他人且取得勝利時，自尊感看似有所提升，但這都只是一時的現象，內在問題無法根本地解決，自尊感反而會降低。推土機型的溝通方式，會迫使對方奮起反抗，以至於最後樹敵過多。假如周圍全是敵人，就會時刻害怕自己遭受攻擊，不得不繃緊神經。這種情緒不斷累積，會導致他們想以具體的行動，控制所有可能成為威脅的變數。然而，未來和人心等充滿不確定的事物，根本不可能完全預測或掌控，最終他們會使自己連喘口氣的餘裕都沒有。就這樣，推土機型的人逐漸把生活變成真正的戰場，自己篤信不已的「冷酷世界」，也真的成為了現實。

每個人都想獲得關愛與肯定，有時因為無法如願，自尊感還會隨之下降。不過，推土機型的人在感到自卑時，難以用健康的態度自我察覺，恢復自尊感的過程並不成熟。他們會透過攻擊、貶低他人，確認自身的優越感，過度捍衛因自卑而變得脆弱的自我。例如以「因為你惹我生氣，你做了應該挨罵的事」為藉口，

試圖將責任轉嫁給「折磨自己」的某人或社會等外部因素，進而切斷自我培養的機會，失去解決內心問題的責任感與能力。追根究柢，外表看似意氣風發的推土機型，最終還是需要他人來消解心中的不適，是必須依附他人的類型。

因此，總是想控制他人的推土機型，雖然表面上給人強勢的印象，內心卻很容易在面對「脆弱的自我」時受影響，導致自尊感降低。推土機型的攻擊性態度，或許可以很快在溝通上占據優勢，不過這樣的勝利，其實也是傷痕累累。

◇◇ 表裡不一的「繞圈子被動攻擊型」

前面提到的被動軟柿子型，總是默許對方朝自己發動攻勢，或者對自我展開攻擊；反之，推土機型則經常理直氣壯地攻擊他人。那麼，繞圈子被動攻擊型的人呢？他們習慣躲在暗處進行狙擊。因此，在各種溝通類型中，被動攻擊型是最讓人感到混亂的類型。

被動攻擊型的人，會以被動或受虐者的姿態，包裝帶有攻擊性的訊息。所謂受虐型攻擊，指的是透過自我攻擊的形式，引發對方的罪惡感與責任感，迂迴地進行攻擊。例如「我若死了都是因為你」之類的自殺要脅，或者譴責自己是「壞人」，刺激對方的負罪感，以及強調「其實受害的人是我」，將對方誣陷為加害者的行為，都是受虐型攻擊的例子。遇到這類型的人時，通常很難具體說明原因，但內心就是會隱約感到不適和不快。

因為被動攻擊型的人，總是會模糊地留下各種解釋的餘地，為自己備好後路，然後將責任轉嫁給感情用事的對方，指責「是你太過敏感」。他們習慣製造「情境」來間接攻擊，導致對方陷入自

我懷疑，覺得是不是莫名心情不好的自己有問題。

此外，還有一個原因，是被動攻擊型的溝通方式本身就存有矛盾。像是用溫柔的語氣稱讚對方，但內容實際上是加以貶損，若對方採取應戰的姿態，他們就會表示「我只是開玩笑而已」，瞬間讓對方變成「奇怪的人」；或者率先發動攻擊，然後在對方反擊時，突然表示「你的話讓我很受傷」，扭轉被害人與加害者的位置。「隱藏的毒舌」與「溫和的措辭」互相矛盾，或者像笑臉罵人一般，嘴上說的話和肢體語言出現分歧，這些情況都會讓對方感到困惑。

被動攻擊型常見的言行特徵

被動攻擊型的溝通方式，可說是被動型與攻擊型結合，再加以「進化」的型態。因此，雖然表面上看起來與被動型或攻擊型的特徵重疊或相似，其中仍有所差異。接下來，就讓我們一起看看「繞圈子被動攻擊型」的人，在言語和行為上有哪些特點。

✦ **攻擊性迴避：**與被動型的人無法應對他人的攻擊，所以假裝沒聽見或一笑置之不同，被動攻擊型的人具有攻擊的目的和意圖。他們會故意轉移話題，裝作沒聽見對方說話，或者用假裝不知情的方式，來忽視對方的想法、情感或要求。

+ **故意拖延或者反應毫無誠意**：故意拖延對方的要求，或者假裝能力不足，表現出「沒有靈魂的反應」，讓對方自行放棄。

+ **把對方當透明人**：默默地排擠對方，不讓對方加入團體，或者故意無視對方的存在，間接、迂迴地要求對方離開。

+ **假意稱讚**：表面上聽起來像是讚美，實際上卻話中帶刺，言語裡刻意揭露對方的缺點，或帶有指責的意味（例如「恭喜你，以前的你不怎麼起眼，現在成功到讓人認不出來了呢」等）。

+ **打造不利的輿論**：不是向親密的好友抱怨一下就結束，也不是為了保護他人，針對危險的情況做出警告，而是主動製造不利於某人的輿論並加以攻擊，藉此達到社會懲罰的目的（例如「我懂，但大家都說是你太敏感」、「A就是這種人，不要和他走得太近」等）。

+ **對他人進行評價**：與推土機型不同，雖然態度較溫和，但同樣是站在優越的位置上，對他人的對錯、好壞等做出評價。

+ **假裝自己是受害人**：表現得像受害者一樣，刺激對方的同情心、罪惡感或責任感，以取得自己想要的事物（例如「我這麼辛苦，你怎麼忍心拒絕？」、「媽媽是怎麼把你養大的，你怎麼可以不聽我的話？」、「把我講得跟壞人一樣，這樣你心裡就痛快了嗎？」等）。

+ **單方面地表示親密**：透過稱讚或親切的態度等，假裝與對方親近，然後侵犯、干涉對方的領域，或者權威式地下達指令；單

方面地主張兩人關係親近，只為了不讓對方破壞自己對這段關係的期待（例如「因為你就像我的孩子」、「我們之間～」、「我這麼做都是因為愛你」、「我只有你了」等）。

+ **送對方不想要的禮物**：表面上看起來是好意，但實際上是硬把自己的建議塞給對方。例如不斷強調「都是為了你」、「我講這些是為你好」，但其中卻隱含有「我比較懂」、「我是為了你好，就照我的話去做」的意思，強迫對方聽從。以「關懷」為名的言語，雖然乍看之下是為了對方，但其實和推土機型一樣，更偏向於行使權威和管控。這種以善意包裝的行為，經常會讓對方覺得自己欠下人情債，很難拒絕或劃清界線。

+ **在飢餓的人面前擺宴席**：明知對方的不幸與痛苦，卻故意在其面前大肆炫耀，加深對方的剝奪感、憤怒與自卑等，藉此感受自身的優越。

+ **言行不一**：說出來的話和肢體語言不一致。例如嘴上說沒關係，但表情卻相當冷淡，用行動表明自己並非無所謂，讓對方不得不察言觀色，自行配合；或者言語和行動看似體貼，但核心訊息卻帶有攻擊性。

根據對象和情境改變的被動攻擊型

被動攻擊型的人，為什麼要採取這種溝通方式呢？若套用「功

能分析」法來看，可以得知他們之所以這麼做，是因為對自己有利而且有效率。亦即，他們認為像推土機型一樣露出攻擊性，可能會導致自己處境不利。那麼，被動攻擊型的人認定的「不利情況」是什麼？讓我們來探討一下，被動攻擊型的人碰到哪些情況，會認為這樣的溝通方式具有策略優勢。

首先，是在垂直關係中處於弱勢地位時。例如在職場、家庭或學校裡，通常會根據年齡、權力、地位或物理力量排出位階秩序，如果他們覺得自己很可能處於下風，就會試圖展開間接攻擊，而不是直接地攻擊。

其次，在受到「不能過於直接」的文化影響時，也會讓他們做出類似的判斷。例如在遇到矛盾時，如果處於「直接表達不滿是一種無禮的表現」的社會氛圍或環境，那麼明目張膽地攻擊對方或抱怨，反而會讓自己遭受非議。在這種情況下，他們會認為說話委婉曲折，比較不會讓人心生排斥，以至於出現被動攻擊型的溝通。

第三，假如毫不掩飾地進行攻擊，很可能使自己受到損害，在這種情況下，也會出現被動攻擊型溝通。例如違背法律、制度或團體規範，有可能受到處罰時；或者即使不是法律上的處罰，有可能面臨人性爭議等輿論惡化、名譽受損、被貼上「壞人」標

籤、被排擠等社會性懲罰或金錢損失等情況，也會讓他們選擇在暗地裡攻擊對方，以便隨時都有迴避責任的退路。

這種拐彎抹角的溝通方式，乍看之下不具有攻擊性，因此更容易讓人感到複雜和困惑。

◇◇ 溫暖而堅定的「健康果斷型」

有些人愈聊愈讓人產生好感，俗話說「好言一句三冬暖，話不投機六月寒」，就算是同樣的訊息，也會因傳達方式的不同，而讓人產生不一樣的感受。有些人可以在不攻擊他人的情況下，有效地傳達出拒絕或批評的訊息，這種類型，就近似於溫暖而堅定的「健康果斷型」。在不傷害對方的前提下，明確傳達自己的心意，同時傾聽對方說話，適時給予回應，但不勉強接受對方的要求。換句話說，在溝通時能夠適當地接受與拒絕，就是所謂的「健康果斷型」。

▌健康果斷型常見的言行特徵

健康果斷型的人與推土機型或軟柿子型不同，他們懂得尊重彼此的權利，守護自我的重心。首先，就讓我們看看健康果斷型的人，在言語上會有哪些特徵？

✦ **說話時不感到緊張**：聲音裡沒有不安或猶豫，能讓人感受到從容與安定。

+ **用適當的語調說話**：聲音不會過大或過小，語調也沒有嚴重的高低起伏。

+ **語速適中**：說話的速度不會太快或太慢，詞彙之間保持適當的間隔。

+ **說話時心平氣和**：冷靜地傳達情況或想法，不會過度興奮或參雜過多情感。

+ **語句明確**：說話時不長篇大論或含糊其辭，能夠明確地結尾。

那麼，健康果斷型的人，在溝通上又有哪些常見的行為呢？

+ **適當地對視**：不刻意盯著對方看或閃躲，將視線適當地分配到對話的人身上；若迴避對方的視線，很可能傳達否定之意。

+ **擺出具有穩定感的姿勢**：如果長時間向一側傾斜，或維持不穩定的姿勢，就會顯得不安與不適。彎曲、萎縮的姿態，看起來有被動的感覺；反之，總是雙腿大開向後靠的話，可能會讓人覺得冷漠或不被尊重。健康果斷型的人，在姿態上不會顯得僵硬或彆扭，會適當展現出舒服的姿勢。

+ **保持合適的距離**：距離太近時，會侵犯他人的領域並造成不適；距離太遠時，則會給人難以親近的感覺。健康的溝通需要維持適當距離，除了非常親近的關係外，通常與對方維持一個手臂的距離，較為合適。

✦ **做出積極的反應**：根據情況，透過點頭或手勢做出反應，表達關心。

✦ **言行一致**：根據對話內容，適當地表達情感。例如在說出「我不想做」、表達拒絕之意時，如果用明確、穩重的態度來陳述，就會變得溫暖又果斷；但如果大聲叫嚷，就會變得充滿攻擊性。討論愉快的內容，就以微笑的表情拍手應和；碰到嚴肅的議題，則帶著真摯的表情參與。面對自己想傳達的訊息，言語和肢體語言總會保持一貫性。

果斷型溝通帶來的長期效益

至今為止談到的四種溝通類型，果斷型是其中最健康的一種。不過，想成為果斷型的人並不容易，因為改變不僅會帶來擔憂和恐懼，還會有實質性的副作用。尤其是軟柿子型的人，一直以來周圍都有許多人因此獲益，如果突然不按過去的方式應對，開始主張自己的權利、劃清界線，周邊的人會對這種陌生的形態手足無措。因此，他們除了加以反抗，還可能變得帶有攻擊性，試圖讓軟柿子型的人重新回到被動狀態。不僅如此，對軟柿子型的人來說，要在一夕之間改變維持了幾十年的被動態度，也是一件既生疏、尷尬又困難的事。

推土機型的人要改變也不容易。以健康的方式進行溝通，意味著必須放棄既有的型態，不再強迫他人，也不追求快速、簡單地解決問題，而這樣的過程，需要以耐心做為支撐。此外，即使改變自己的溝通方式，還是可能得不到想要的結果。「不把別人踩在腳下，就會被別人踩著往上爬」，已經把這種價值觀變成現實的推土機型，過去一直透過攻擊來保持對自己有利的情況。假如突然放棄這種溝通方式，反而有可能受到周圍人們的報復。

被動攻擊型的人也不例外，他們很可能覺得自己在揭露問題，但以健康溝通解決的過程中，會出現需要選擇或負責的部分，因此蒙受損失。

就像這樣，在適應果斷型溝通的變化過程裡，除了自己之外，周邊的人和環境也會一起經歷成長痛。但是，儘管有這種副作用存在，從長遠的角度來看，改變仍然有其價值。因為透過健康的溝通，可以從根本上解決問題、改善關係，最終恢復自尊感。

當我們感知到威脅時，就會本能地想保護自己。若溝通成為了戰鬥，大腦和全身都會啟動「危機系統」，導致綜合掌握和處理各種訊息的餘裕被壓縮。就像初次開車上路時，情緒緊張而一直盯著前方看一樣，心靈的視野會因此變得狹隘。在這種情況下，因為過於在意自我，頭腦變得複雜，只忙著感知危險信號，所以很

難以廣闊的視野掌握整體情況。相反地，果斷型溝通能確保視野的寬闊，給人們選擇「應對」而非「直接反應」的心靈空間。

溫暖而堅定的對話方式，是解決溝通和人際關係的根本之道。透過與自我的健康溝通，可以察覺自己真正的心意；透過與他人的健康溝通，可以有效傳達自己的心聲。果斷型的人不會將情緒堆在心裡，能夠即時以健康的方式紓解，養成處理人際問題與矛盾的力量。若持續累積類似的經驗，即便在關係上遇到難題，也會擁有從容應對的自信。因此，果斷型溝通不僅可以提高自尊感，還能幫助我們在各自的領域內，輕鬆地引導人際關係。

自我關懷

1. 軟柿子型、推土機型、繞圈子型、健康果斷型，在這四種溝通
類型裡，讓我們思考看看自己的溝通方式最接近哪一種。

❶ 請回想一下近期的經歷，自己是在何時、何地、何事上，受到
何人的擺布。具體檢視自己當時做出哪些反應，然後在下方圈
出該行為屬於哪一種溝通類型。

被動軟柿子型　　（　） 　推土機攻擊型（　）

繞圈子被動攻擊型（　） 　健康果斷型　（　）

❷ 過去有沒有在類似的情況下，以類似的行為做出反應？檢查看
看自己是否有不斷反覆的溝通模式。

_____

_____

_____

_____

2. 如果確認了自己的溝通類型，接下來就透過「功能分析」法，思考一下這種溝通方式有哪些好處和壞處。此外，若內心還存有擔憂與恐懼，影響自己果斷地說出心裡話，也請把它們一併寫下來。

❶ 我的溝通類型有哪些好處？

_____

_____

_____

_____

❷ 反之，有哪些不利的地方呢？

_____

_____

_____

_____

❸「如實地把心裡話說出來，萬一＿＿＿＿＿＿＿＿＿怎麼辦？」
　請以這種形式，把自己對於健康溝通的擔憂和恐懼寫下來。

_____

_____

_____

_____

3. 在第一章的自我關懷裡，我們曾寫過「危機狀況檢核表」，確認自己與「哪些對象、在哪些情況下」容易受到擺布。請以此為基礎，回想一下過去的經驗，看看自己特別容易受到誰影響，對方在何種情況下，說出哪些話或做出哪些行為。接著，請分析看看對方屬於哪一種溝通類型。

❶ 在何時、何地、和誰一起做什麼，自己最容易受擺布？

_____

_____

_____

_____

❷ 哪些話語和行為，特別容易讓自己被席捲？

_____

_____

_____

_____

❸ 經常對我造成影響的人，屬於哪一種溝通類型呢？

_____

_____

_____

_____

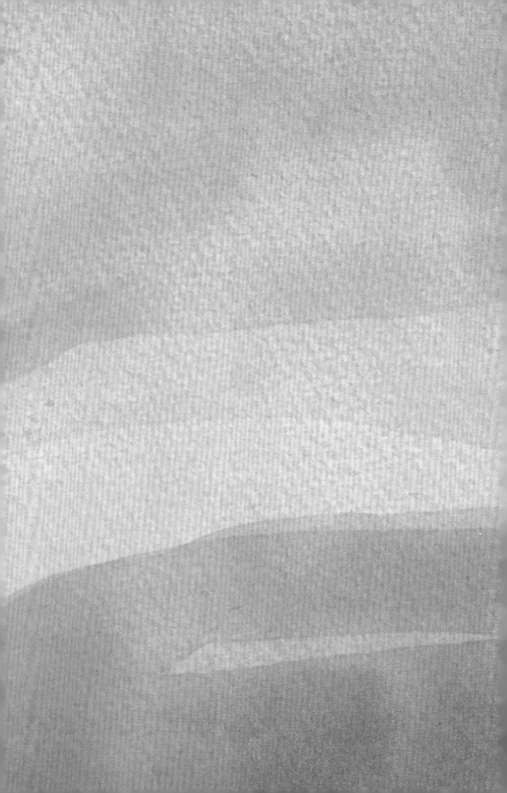

◆

第三章

為什麼我們會成為
被擺布的大人？

不要因為過去的後悔或未來的焦慮
而毀掉現在。耀眼地活在當下吧！
你充分擁有這樣的資格。

——金惠子，百想藝術大賞獲獎感言

◇◇ 是從哪裡開始被左右的呢？

前文曾提到溝通遭遇困境的三個原因：首先是我們不知道「堅定不移地說出心裡話」，究竟是什麼樣的狀態，以及具體應該怎麼做；其次，是即使我們懂了方法，內心也總會被擔憂和恐懼束縛；第三，即便擔憂和恐懼已消除，我們仍然會按照以前的習慣做出反應。

因此，我在第一章裡，解釋了何謂健康的溝通，並指出一般人對溝通的迷思；進入第二章後，則進一步討論被動軟柿子型、推土機攻擊型、繞圈子被動攻擊型、健康果斷型四種溝通類別。接下來，我們將探討無法勇敢說出心裡話的第二個理由——妨礙健康溝通的擔憂與恐懼。

擔憂與恐懼，是我們無法好好表達心聲、容易被他人擺布的典型心理圈套。那麼，這種擔憂與恐懼究竟從何而來呢？答案是從過去的經驗中習得的。當我們回想起過去受傷的記憶，就會不自覺地感到擔憂與恐懼。現在，就讓我們看看過去的經驗如何形成心理圈套，讓我們變成了不敢表達自我的大人。

溝通是我們與生俱來的能力

「我覺得自己好像天生就很敏感,是叫做『玻璃心』嗎?善於表達的人不是天生的嗎?」

芝賢形容自己天生敏感、精神脆弱,有些人生來就善於表達,而自己絕不可能變成那樣。如前文所述,溝通能力與性格無關,而是能夠仰賴後天學習的技巧。若從先天的本性來看,人類為了順利生存,應該都具有最基本的溝通能力。

我們天生就具備溝通能力,但長大成人後,卻開始無法說出自己想說的話。嬰兒在飢餓時會大聲哭泣,用全身來表達需求,沒有哪個寶寶會擔心:「如果我大哭的話,家裡的氣氛會不會被破壞?」餓的時候哭,生病的時候哭,無聊的時候也哭。對還不會說話的孩子而言,哭泣是消除不適感的唯一途徑。就像這樣,提出或表達自己渴望和需求的事物,可以說是人類與生俱來的本能。但是,我們為什麼會在成長的過程中,逐漸變成難以如實表達心意的大人呢?

嬰兒在成長的過程會適應周邊環境、與人們互動,進而學習到溝通的技術。每個人都想得到自己渴望的事物,迴避痛苦的情境,但隨著年齡增長,我們漸漸意識到哭泣這個方法已不再有

效。就像在電子產品上安裝實用且方便的軟體，並定期更新程式一樣，我們會開始擺脫單純與片面的表達方式，根據各種不同情況，制定出多樣且精確的溝通策略。透過這樣的過程，我們獲得了自己想要的事物、避免痛苦，然後總結出最有效和有利的溝通形式。

「但是，被動型的溝通方式，好像只對我不利啊？」

芝賢似乎無法理解，對此提出質疑。為什麼她會選擇看起來對自己不利的方式，當作最好的溝通形式呢？答案就在於過去的經驗。因為對幼時的芝賢而言，採用被動型溝通，獲得的事物遠比失去的更多；且就算失去了什麼，最後都能守住相對重要的東西。亦即，雖然無法拒絕請求，必須為他人承擔責任這件事是一種損害，但透過類似的方式，可以避免對方的指責或內心的罪惡感，維持關係的穩定，對當時的她來說更加重要。

芝賢搖了搖頭：「可是現在的我，不想再重複這種被他人牽著鼻子走的關係了。」

成長過程奠定的基本溝通框架

當我們按照思考慣性進行反應時，經常會發現相同的問題反

覆出現。就像明明是和新的對象談戀愛，卻和過去的幾段戀情一樣，以類似的模式交往又分手。在友誼方面也不例外，假如只有某一方持續付出，最終就會因疲憊而導致關係破裂。那麼，溝通的「基本模式」是如何形成、發展為思考慣性呢？為什麼在人際關係上，相同的問題會反覆出現？答案的線索，就在於從過去延續到現在的「關係履歷」。

關係履歷的第一行，就是出生後與父母首次建立的關係，以及第一次參與的社會群體──家庭。與父母、家人的關係，會奠定日後溝通類型與人際關係的基本框架，所以我們有必要予以重視。在與父母溝通的過程中，孩子不斷觀察自己做出哪些行為會獲得父母獎賞，以及出現哪種行為會被父母懲罰。假如家中還有兄弟姊妹，就會在更加複雜的多角形結構裡互動，從中學習關係和溝通的「規則」。

「第一次」對每個人來說都記憶深刻。在充滿「第一次」的人生初期，幸福、害怕、受傷等強烈的情感交織，成為特別的記憶層層累積。而這些積累下來的「基本數據」，將會形成看待自己、他人與世界的觀點，並發展出應對的溝通基本框架，像是「原來世界是這樣的地方，原來人們是這樣互動，原來在世界上和人們一起生活的我是這種模樣」。

在充滿不確定的世界裡，渴望感受到愛與安全感，並努力避免自己受傷的態度，會漸漸找到「某些情況應該怎麼做」的生活準則，成為我們處世的方法。透過相互關係和嘗試錯誤，我們學習到「原來要這樣做才能獲得愛和肯定」、「如果不這麼做，就會受到傷害」。以幼年期形成的基本框架為基礎，人際關係開始從家庭向社會擴展，而我們也會在其中衡量自身的作用與價值。

假如成年後還反覆出現在關係中被牽著鼻子走的情況，那麼很有可能是在形成價值觀的幼年期，沒有從父母身上獲得適當的關愛與管控，或者夾在家庭成員之間時，習慣以攻擊或被動的態度來處理矛盾。就像長期以來都按照舊有的規定處理業務一樣，日後就算出現能彌補缺點的新流程，我們仍然會覺得已經熟練的方式更有效率或更方便。同理，即使人際關係逐漸擴展，情況已然發生變化，我們還是會遵循思維的慣性來做出反應。透過幼時經驗形成的「基本框架」若不更新，長大成人後就會碰到溝通的問題在相同的關係模式裡循環。

⬦⬦ 沒有誰的創傷是理所當然

「我為什麼會變成現在這樣呢?」芝賢困惑地反問。然而,只要回顧成長歷程,就可以發現她為什麼養成了被動型溝通,以及為什麼這樣的溝通形式,對她來說會是最佳選擇。

芝賢最近在升職考試中失利,心情非常憂鬱。當自己的努力未能換得成果時,任誰都會感到失望和沮喪,但對她而言,失敗似乎還有一層更深的意義。

「為什麼你只能做到這種程度?」三十四歲的芝賢,如今已從父母的管控中擺脫,但媽媽可怕、嚴厲的神情,依然如影隨形地跟著她。媽媽的訓斥,不知不覺地變成了她對自我的鞭撻:「為什麼我只能做到這樣呢?」

從芝賢對待自己的方式來看,很像媽媽不聽任何解釋、以權威進行壓迫的模樣。「雖然我一直很努力,但還是遠遠不夠,所以不管走到哪裡,都無法被人喜愛。」在芝賢的話語背後,藏著「我是個不夠好的人」的想法,就像不變的真理一般牢不可破。

▋自我折磨的思維枷鎖

「唯有凡事做到最好，才能獲得認可與喜愛。」對芝賢而言，「被愛的資格」就是要充分滿足他人的期待。不過，這種「被愛的條件」正如一把雙面刃，意味著做得不夠好時，就難以得到認可與喜愛，使內心變得像隨時可能碎裂的玻璃球。假如事情做不好，自我價值就會跌落谷底，與他人的關係也會破裂。這種有可能被拋棄的恐懼感，讓芝賢費盡心思，想牢牢抓緊周圍的浮木。

如同骨折後只使用OK繃就繼續跑步一樣，芝賢一直隱藏著創傷，勉強地堅持下來。至今為止，她為了獲得認可不斷努力，以此當作心靈支柱。但是，這種模式無法長久維持，很快就會面臨崩潰的危機。在三十四歲的芝賢心裡，有個受傷的孩子正在哭泣。

諮商師：芝賢，你覺得自己該怎麼做，才會符合期待呢？

芝賢：我一直想把所有事都做得完美無缺，為了達成目標，內心總是感到焦急。我努力想成為父母眼中的乖女兒、他人眼中的好人，如此一來，就不會被任何人討厭。因此，我總是不停地察言觀色，盡可能配合別人。

諮商師：如果不這麼做的話，會發生什麼事嗎？

芝賢：如果不那麼做的話⋯⋯人們好像會生氣或難過，要不討厭我、責備我，要不就會離開我吧？

諮商師：人際關係，真的有可能連一點微小的衝突都沒有嗎？或許人們會因此感到生氣或難過，但對芝賢來說，好像還有什麼特別的意義。假如發生類似的事，你會覺得自己是個「什麼樣的人」呢？

芝賢：到頭來應該還是我的問題吧⋯⋯是我能力不足又不夠好，所以才總是孤孤單單。好像自己極力隱藏的「真實面貌」被發現了一樣，但我卻沒有勇氣和力量去守護自我。

芝賢總覺得不能與他人發生矛盾，採取被動的態度生活，內心反而能輕鬆些，也不願隨意挑起心底的傷口。「我一直想逃跑，卻連自己想去哪都不清楚」，最終，芝賢還是沒能逃離自我的束縛。長期以來，心中根深蒂固的負面想法，讓她無論是自處或與他人相處，都變得困難重重。度過格外辛苦的一天後，面對世界、他人和自我，都會陷入更加消極的思維裡。

「我無法喜愛自己，所以也不懂得愛人或被愛⋯⋯或許是因為我的性格太過消極吧。」

歸根究柢，問題的原因好像都在自己身上。那麼，被芝賢視為

「性格」的基本心靈框架，是由哪些想法組成的呢？一直以來折磨著她的思維，又是從何處、何時產生的？

罪惡感：都是我的問題

仔細回顧，芝賢在成長過程裡，一直都抱著「問題出在我身上」的想法。芝賢的媽媽總是把「我是為了誰才如此犧牲？」這句話掛在嘴邊，久而久之，芝賢開始把自己看作是媽媽人生中的絆腳石，這種擺脫不掉的罪惡感，也讓她覺得自己必須為媽媽不幸的生活負責。假如自己沒有出生，母親的生活就會一路順遂，是自己害得媽媽不斷犧牲且陷入痛苦，背負著「原罪」的她，對母親而言就是一種負擔。尤其是「我是怎麼把你養大的」這句話，就像魔法咒語一般，讓她難以抗拒母親的任何要求。

每當父母發生爭吵時，「問題出在我身上」的想法就會益發嚴重。「都是因為你，家裡才會發生紛爭」，媽媽最後總是把責任推到芝賢身上，讓她不停地反芻「原來都是我的問題」。性格屬於多血質*的父親，對一點小事也會大發雷霆，假如芝賢在用餐時調皮

---

* 源自於古希臘的性格分類，根據體液學說所提出，該學說認為人體由四種液體組成，分別是血液（對應多血質）、黏液（對應黏液質）、黃膽汁（對應膽汁質）和黑膽汁（對應抑鬱質）。

搗蛋，他就會指著母親大罵「你在家是怎麼教孩子的」；接著，媽媽的憤怒就會轉向女兒。這種互相責難的循環就像食物鏈，而處於最底端的就是年幼的芝賢。直到現在，她依然習慣把「對不起」三個字掛在嘴邊。

在交友方面也一樣。每當與朋友們發生矛盾，芝賢也總是一味地責怪自己：「一定是我哪裡做得不對，朋友們才會那樣。趕快向他們道歉，彼此好好相處吧！」在與弟妹或朋友發生爭執時，媽媽總是用這種最簡便的方式來解決。如果遇到問題，就應該先讓步或道歉。然而，這種方式雖然可以很快地息事寧人，心底卻依然留有未解的結。「你再怎麼辛苦，也沒有我辛苦」，每次想和朋友分享心事，媽媽就會用一句話把芝賢的痛苦變得微不足道。她討厭成為一個自私又麻煩的孩子，所以只能將所有的煩惱往肚子裡吞。爸爸的不負責任，讓媽媽獨自扛起家庭重擔，芝賢那些「無病呻吟」的痛苦，只會讓人不以為然。因此，即使在學校碰到困難，她也從來不曾喊累或提出任何需求。就這樣，芝賢力求成為一個沒有任何「問題」的孩子，藉此來迴避指責與罪惡感：「到頭來，其實都是我的問題」。

不安與焦慮：我搞不好會被拋棄

　　幼時的芝賢總是感到不安，對家庭漠不關心的爸爸，三不五時就會和倦怠又焦躁的媽媽大吵一架。一旦瑣碎的小事蔓延成嚴重的爭執，芝賢就會被指責「家裡吵架都是因為你」。長此以往，芝賢不曉得自己什麼時候又會成為導火線，所以只能不停地察言觀色，「不要讓大人們因為我吵架」就漸漸成為了她的行動原則。「小心一點，別惹人生氣，他人的情緒也是我的責任，應該由我來解決」，如果不這麼做的話，自己好像就會被拋棄。年幼的芝賢費盡心力，只為了緩解父母的怒氣，或者讓兩人能夠和好如初。

　　在孩子幼小的心靈裡，深信如果家庭破裂，自己就可能被拋棄。雖然大人之間的糾葛，不是一個六歲孩子可以解決的，但她卻認為自己應該承擔一切。將原本就難解的習題、注定會失敗的結局攬在身上，對小女孩而言，這個世界帶來的挫折是如此難以承受。

　　夫妻吵完架後，過一陣子媽媽的憤怒會逐漸冷卻，然後化為一股悲傷。對於「可憐的媽媽」，芝賢的安慰派不上用場，唯一能做的，就是在獨自灌著燒酒的媽媽身旁聽她訴苦。母親的酸楚，順勢成為了女兒的憂愁，但是，卻沒有人來給年幼的她一個擁抱。在這樣的環境裡，芝賢很早就長成了懂事的小大人。

挫折感：如果做不到完美，就無法獲得關愛

身為長女就要成為模範，芝賢為此受到特別嚴格的教育，在弟弟和妹妹出生後，她甚至變得更加聽話。因為大人們的視線，全都集中在體弱多病的妹妹和可愛的小兒子身上，她很早就認清了自己相對而言沒那麼重要。除了身為姊姊理應讓步之外，芝賢沒有學過該如何與弟妹們和睦相處。每當發生爭吵，就是因為姊姊沒能照顧好弟妹，於是她習慣道歉與退讓，只盼望事情能順利落幕。

芝賢必須證明自己也有資格受到關愛與肯定，如果拿不到一百分，就永遠不算完美；得不到第一名，就永遠不算成功。她覺得自己一定要做得更好，才有機會獲得愛與認可，生活的軌道，總是以媽媽的情緒和欲望為中心。

「『無論如何，你都是媽媽的愛與驕傲』，我多麼渴望聽到這句話」，挫敗感讓芝賢感到鬱悶和厭倦，忍不住想喊出自己的心聲，但話語就像含在乾澀的嘴裡一樣，最後隨著水分一起蒸發殆盡。「能不能就一次，稱讚我做得很好呢？」

面對長女，媽媽在稱讚方面顯得特別吝嗇與嚴苛，讓芝賢覺得自己受到了差別待遇，久而久之，內心的不平逐漸轉為怨恨與憤怒。「這樣的話，當初為什麼要把我生下來？讓我受那麼多罪！」

如今，「都是因為我」的自我責怪，變成了「都是因為媽媽」。不過，對母親的怨恨，很快又化為「壞女兒」的罪惡感，如同嚴厲的刑罰一般。因此，芝賢就像要為自己的墮落贖罪，背負了更沉重的包袱：「我想，我沒有資格獲得關愛與肯定。」

▋無力感：不管我怎麼做都沒用

芝賢從來不提出要求，也不說令人反感的話，交友關係表面上看起來沒什麼問題。她是一個「性格和善，總是積極向上的好學生」，完全不與人爭吵；她成績優秀又乖巧，不會引起任何爭議，是個「足以成為他人模範的學生」。在家中未能感受到的關愛，芝賢透過成績在學校獲得了補償，這是她用來彌補內心空虛、支撐自我的力量。

芝賢表面看似無礙，但在人際關係上一直處於困境。就像家庭隨時有可能瓦解一樣，她也害怕朋友們隨時會離開。因此，比起自己，她總是更優先地照顧他人，好像只要這麼做，就能把朋友牢牢地綁在身邊。然而，芝賢愈是單方面付出，朋友們就愈習以為常。為了留住朋友，她從來都不敢果斷地拒絕。

幼年時也一樣。孩子在玩耍時脫口而出的威脅：「我不跟你玩了！」就讓芝賢感到坐立難安。若失去摯友，她覺得自己就會像失

去媽媽的孩子一樣焦慮，因此，她不僅幫朋友寫作業，還代替他們完成勞作。不過，在大家一起前往遊樂場時，卻沒有一個人停下來等待因綁鞋帶而掉隊的芝賢。「我對誰來說都不重要，可能是因為我既軟弱又好欺負吧！」

即使感到難過，嘴上也總說沒關係。芝賢是個不管做什麼都自動自發的孩子，雖然不會坦白說出內心的感受，但偶爾也會因沒有人理解自己而覺得難過，她努力地壓抑這種矛盾的心緒。「沒有人懂我，人們總是太過草率地評價他人」，再怎麼對朋友們示好，也只會被看輕或無視，芝賢覺得手足無措，但是沒有一個大人教過她要如何表達心意和解決問題。「要和睦相處喔！」每次聽到的都只有如此抽象的一句話，不管她再怎麼付出或努力，情況也沒有好轉。於是，芝賢漸漸失去了自信，感到深深的無力。「人際關係好難」，後來，她只要察覺一絲絲「危險信號」，就會很快地放棄這段關係。

孤獨感：反正沒有人站在我這邊

若是和朋友發生爭執，芝賢就會更加沮喪。每當朋友趾高氣昂地說出「我要跟我媽媽告狀，她一定會教訓你」這句話，芝賢就會想用同樣的方式反駁。但是她心裡很清楚：爸爸對自己毫不關

心，而媽媽又太過忙碌。好像沒有人與自己站在一起，她只能一個人與世界搏鬥。反正也沒有人站在我這邊，所以最好不要製造問題：「不能惹別人不開心，否則我就真的落單了」。

和朋友吵架時，芝賢總會忍不住流淚認輸，因此她寧願一開始就不要讓問題發生。另外，她也害怕自己過於突出或落後，反而會變得沒朋友，所以一直採取「從眾」的策略融入群體。芝賢和家人們的依附關係與紐帶感薄弱，以至於在學校時，她更迫切地渴求穩定感與歸屬感。

下雨天，同學們和媽媽打著傘，一個接一個回家了。芝賢一直等到最後，痴痴地望著天空，然後將書包頂在頭上擋雨，一個人奔跑回去。「沒有人站在我這邊，我只有一個人」，即便如此，她也總是假裝堅強，所有事都自己來，為自己準備了雨靴和雨衣。年幼的芝賢在摔倒時，原本也會和其他孩子一樣哭著找媽媽，但是從某個瞬間開始，她即使跌倒也不再喊媽媽了，只把眼淚全往肚子裡吞——「我覺得自己好像一個人被扔進這個世界」。

◇◇ 心靈之根：
看待我、他人和世界的價值觀

大家應該都有聽過「受傷的內在小孩」，就像在芝賢心底深處扎根的幼年傷痛一樣，每個人心裡都有一個受傷的內在小孩。假設芝賢在成長的過程裡，童年創傷是「提早懂事的小大人」，那麼在成年之後，就會變成「沒長大的孩子」，是內在最害怕被觸動的「痛點」。以認知行為治療（CBT：Cognitive Behavioural Therapy）的理論為基礎，此處可以稱為「心靈之根」，是偏好熟悉、畏懼改變的固執所在。

▌尋找自己受擺布的根源

假如我們無法在關係和生活裡找到重心，經常受他人左右，那麼問題就出自受創的心靈之根。可以稱為「根本價值觀」的心靈之根，是主導我們思考、感受和行動的基本框架，通常形成於價值觀定型的人生初期。那麼，芝賢過去擁有什麼樣的心靈之根，以至於變成妨礙溝通的陷阱呢？

心靈之根由以下三個部分組成：

✦ 我（自我）：我是怎樣的人。

✦ 他人（關係）：人們大多是何種樣貌。

✦ 世界（生活）：我存在的世界是怎樣的地方。

芝賢認定的「我」，是「經常惹出問題的壞孩子」、「懦弱又好欺負」、「對誰來說都不重要」、「無論怎麼做都不夠，得不到認可或喜愛」、「沒有人和自己站在同一邊」，這樣的想法，成為她看待自我的心靈之根。雖然也有「成績好、自動自發」，以及「值得信賴的朋友、模範生」等積極正向的一面，但這些勳章或頭銜，是她壓抑自我、以被動的態度為代價所獲得，很難自我說服；芝賢深信，這些都不是自己的「真實面貌」。

對她來說，「這樣的我」被人們與世界圍繞，但關係卻隨時有可能崩裂，一切無法順心如意，更充滿了困難與不確定性。然而，芝賢深信的「我、他人與世界」，真的就等同於「現實」嗎？或者只是一種想像呢？

我真的是自己認為的那樣嗎？

我們都學過「事實」和「意見」不同，每個人都會觀察自己周圍的「事實」，然後產生「意見」，而觀察的對象也包括自己。「看待自我的心靈之根」，就是對自己所產生的主觀意見，來自於過去

的經驗累積，同時也是「自尊感」的源頭。更準確地形容，就是「我相信自己是這種人」，而非「我實際上就是這樣」。芝賢對自我的看法，不僅是完全主觀的意見，而且十分地偏頗。這一點，正是我們很容易忽略的地方，應該檢視一下自己是否具有公正且均衡的視角。長期以來被視為理所當然，看似無法顛覆的心靈之根，很多時候並非事實，只是我們既主觀又帶有偏見的想法。

「我真的是自己認為的那樣嗎？」這句話，將成為希望的開端。假如能用開放的心態與好奇心，透過新的經驗，發現自己未知的面貌，累積「全新的數據」，那麼過去對自我的看法，就很有可能被「更新」。不過，問題就在於我們經常認為自己與他人或世界的關係，已經不可能再有變化，很容易滿足於既定框架，按照思維的慣性行動。因此，唯有打破框架，才能徹底地做出改變。

◇◇ 心靈支柱：
成為人生標準的信念和規則

我們會把受傷的內在小孩藏在心靈之根，並立起堅實的柱子來保護。就像芝賢努力不讓自己的「真實面貌」被發現一樣，我們總是高高地堆起防禦牆，誓言自己絕不再受到相同的傷害。如同用支架來撐住根部脆弱的樹木，心靈之根的傷口愈大，就愈需要更穩固的心靈支柱。但是，這樣的心靈支柱，真的能保護我們的安全嗎？

▌信念：看待世界的細部標準

支撐我們的心靈支柱是「信念」和「規則」。如前文所述，心靈之根是看待「我、他人和世界」的基本框架，以此為基礎，再密密麻麻地發展出「對各種事情的觀點」。為了理解眼前複雜的世界，我們會以「這是甲、那是乙」或「好壞對錯」等方式，來定義和評價周圍的事物，也就是所謂的「信念」。

舉例來說，如果有人認為「哭就代表輸了」，我們就可以從這點看出他對情感表達的信念。這類型的人，很可能會將「絕對不

能哭」奉為生活的「準則」。那麼，「有錢能使鬼推磨」的信念呢？擁有這種信念的人，說不定會不擇手段，按照「只要能賺錢就好」的生活準則來行動。

前文提到的芝賢，堅信在溝通時「把心裡話說出來既無禮、自私而且十分危險」，因此，她遵循著「不能把個人想法、情感或需求說出來」的生活準則。此外，「成績就是力量」的信念，也會發展為「如果不想被輕視，就要經常得第一」的標準，這是她自我治癒創傷的一種方式，藉此來克服「我看起來好欺負、能力不足」的心靈框架。

但是，我們深信不疑的個人信念，真的就會變成事實嗎？在上一小節裡，我們曾提到「心靈之根看待自我的方式，很可能只是一種主觀又偏頗的意見」。因此，從心靈之根發展出來的心靈支柱「信念」，也可能不完全正確與公正。每個人都有自己的信念，但如果個人的信念過於偏執，就難以接納和該信念不符的事實或想法，並且對健康的溝通形成阻礙。

▎規則：必須無條件信守的戒律

順著芝賢的心靈之根與信念走下去，就會發現無數「必須這麼做」的規則，亦是「處世規則」，又被稱為第二道心靈支柱。信念

與規則相輔相成，對芝賢來說，拒絕對方的要求，就等同於將對方拒之門外，是一種不被允許的行為；相反的，對他人提出請託或要求，不僅非常自私，還會造成對方的負擔，同樣不被允許。此外，坦率地表達自身想法或情感，也是有可能傷害他人的無禮行為，一併被列於禁止清單當中。好不容易鼓起勇氣打破戒律，把想說的話講出來，但對方發脾氣時，芝賢卻深信「對方的情緒也要由我來負責」，因為這也是她的處世規則之一。「努力地生活」、「在人際關係上費盡心思」，芝賢提到的這些，其實就是無數「必須這麼做」的處世規則。那麼，芝賢究竟在害怕什麼，以至於不敢違反這些戒律呢？

「我一直覺得自己應該配合他人，如果不這麼做，對方就會因為我感到生氣或難過，搞不好我還會被罵或被排擠。如此一來，我就會想『果然是我的問題，都是因為我太自私又做得不夠』。」

讓我們來分析看看芝賢認為自己「不守規則」時的後果。她深信若不迎合他人，對方就會生氣、傷心，甚至指責或排擠自己。隨著思維的脈絡，我們可以找到芝賢的心靈之根——「自私、不足、孤單」，就是她認定自我最真實的面貌。她擔心違反處世規則，自身的創傷就會被揭露；在不小心越線時，更會反覆咀嚼暴露的傷口，自我攻擊並陷入憂鬱。就像這樣，芝賢總是抱著受傷的內在小孩，在不安與憂鬱的地雷區無限徘徊。

◇◇◇ 過去和現在不同

　　對於選擇範圍有限的六歲孩子來說，這些被動式避免危機的處世規則，或許是保護自己的最佳方法。而屬於攻擊型的芝賢媽媽，也很有可能是為了在「不能如願的險惡世界」裡生存下來，才選擇了以攻擊性的態度控制他人。或許她也會辯解道：「不把別人踩在腳下，就會被別人踩著往上爬」，在二分法的世界觀裡，這種選擇也是無可奈何。此外，媽媽很容易將自己和女兒的感情或欲望劃上等號，在相互依存的關係裡，媽媽攻擊性的態度會被合理化成「我都是為了你」，而芝賢被動性的態度，也變成「都是為了媽媽」。表面上看似為對方犧牲，卻也給彼此造成了傷害。就這樣，被動型的芝賢和攻擊型的媽媽緊緊綑綁在一起，成了無法對自己人生負責、彼此互相推卸責任的關係。

　　那麼，芝賢六歲時使用的生活法則，到三十四歲的現在依然管用嗎？當時承受的壓力，現在還是相差無幾嗎？

成為惡性循環的思維慣性

處世法則若具有融通性，就可以發揮正向功能，彌補自身的不足並取得成就，是一種附帶生產性的自我關懷法。但問題在於，成年後即使周邊情況發生變化，我們的處世法則卻依然未改，堅持按照過去的習慣行動。當處世法則趨於死板，過度強調「總是」、「所有」、「一定」、「絕對」、「對任何人」、「無條件」等，那麼這些為了掩蓋創傷而生的規條，反倒會使傷口更加惡化。

不僅是芝賢，很多人在生活中都嚴守各式各樣的戒律，若試著從自我保護的處世法則往回推，就能找到自己最根本的問題。例如芝賢覺得不管怎麼努力，依然達不到眾人的期待，這種費盡心思追求認可的方式，只會留下「我能力不足」的創傷。愈是想方設法地去獲得關愛，愈會讓自己陷入孤獨，最終，自我保護的守則，反而變成了對心靈之根的攻擊。

我們以過於執著的信念和死板的規定來對待內在小孩，卻沒有察覺這種方式會引發問題，甚至造成惡性循環。一味地遵循過去的思維慣性，還沾沾自喜地覺得之所以能堅持到現在，都是因為嚴守了處世法則，完全沒發現問題正在惡化。我們用心靈支柱撐起一道銅牆鐵壁，執著於隱藏受傷的內在小孩，有時甚至會自我攻擊。不易外露的心靈之根和支柱，平時都處於沉睡狀態，可一

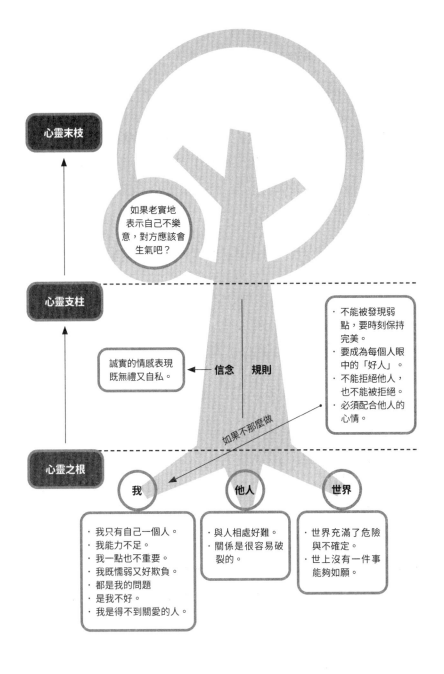

心靈末枝

如果老實地表示自己不樂意，對方應該會生氣吧？

心靈支柱

誠實的情感表現既無禮又自私。

信念　規則

· 不能被發現弱點，要時刻保持完美。
· 要成為每個人眼中的「好人」。
· 不能拒絕他人，也不能被拒絕。
· 必須配合他人的心情。

如果不那麼做

心靈之根

我

· 我只有自己一個人。
· 我能力不足。
· 我一點也不重要。
· 我既懦弱又好欺負。
· 都是我的問題
· 是我不好。
· 我是得不到關愛的人。

他人

· 與人相處好難。
· 關係是很容易破裂的。

世界

· 世界充滿了危險與不確定。
· 世上沒有一件事能夠如願。

旦遇到危機，就會掀起各種負面想法和情緒，把我們淹沒。

我們不是一定得照著規則走，只要願意，隨時可以換一種方式生活。為了打破一直以來的思維慣性，我們必須放棄那些過於僵化又容易刺激傷口的處世法則，坦然接受令自己感到害怕或不自在的自我面貌。

請擁抱受傷的內在小孩，我們都是心靈的照護者。唯有溫暖地擁抱自我，變化才會啟程。過去的痛苦猶如潮水，有潮起也有潮落；當潮水退去時，就讓我們以撿拾漂亮貝殼的心情去面對。

▌ 不是為了過去，而是為了現在的我

「我無法原諒那些傷害我的人，和允許勢態發生的自己。」

在回顧的過程中，每個人都可能被過去壓抑的怒氣淹沒，或者開始埋怨某個對象，這種情況不僅僅發生在芝賢身上。人們會因自己像傻瓜一樣被擺布而感到羞恥，對此憤怒不已，但很快又因責怪他人而陷入內疚。接著，愧疚又化為憤恨，轉向「把我變成這樣的人」，無限地反覆循環。

現在，請別將一湧而上的情緒當作不速之客一樣推開，不妨靜靜地守候。悲傷或憤怒，都是自我回顧時必經的過程，唯有仔細

聆聽心底的痛苦信號，才能把自己照顧得更好。

我們不能選擇父母，或者決定自己要不要誕生於世，打從出生開始，就沒有一件事可以隨心所欲，生命也只是單方面被賦予。那麼，我們就只能一直活在被動的狀態裡嗎？不是的。雖然生命來自於父母，過去的經驗也無法改變，但我們可以選擇自己此刻想要的生活方式，並負起相應的責任。在懸崖邊搖搖欲墜的人，不會計較自己「為什麼在這裡？是誰的錯？」，而是把精力花在思考「怎麼做才能往上爬」，唯有這樣才能活下去。同理，像被逼到懸崖邊一樣焦慮，或者憂鬱地覺得人生已到盡頭時，也應該用類似的態度去面對。

若想達成健康的溝通，就要把回顧的焦點放在「我」身上。這種反思的過程，目的不在於責怪他人，而是為了理解自己至今為止挺過的風雨，如同芝賢想深入剖析現在的問題，就必須回顧自己一路以來的成長歷程。透過這樣的方式，我們才能學會如何在暴風雨中翩然起舞。

自我關懷

1. 藉由芝賢的案例，我們看到了過去的經驗是如何影響心靈之根與心靈支柱，進而在溝通方面形成陷阱與阻礙。請試著以前文為基礎，回顧自己的成長歷程，在與家人的關係、學校生活或其他人際關係上，是否有特別印象深刻的重大事件或轉捩點？並用年表的形式將其記錄下來。

❶ 請回想看看，過去有哪些令你記憶深刻的重要事件或人物。

_____

_____

❷ 試著整理一下自己從小到大的人生紀事。圖中的每個節點，代表著影響價值觀形成的記憶或重要事件，節點之間的時間間隔不必相同。此外，年表不一定要採橫向形式，可以用各種不同的視覺效果加以呈現，如垂直型、樂譜型或折線圖等。

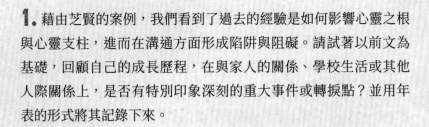

出生　　　　　　　　　　　　　　　　　　　**現在**

2. 基於過去的經驗，我對自己、他人和世界，抱有什麼樣的看法呢？讓我們試著追溯自己的心靈之根。

❶ 我是＿＿＿＿＿＿＿＿＿＿＿＿＿＿＿＿＿＿＿＿的人。

❷ 他人（所謂的關係）是＿＿＿＿＿＿＿＿＿＿＿＿＿的。

❸ 世界（人生）是＿＿＿＿＿＿＿＿＿＿＿＿＿＿的。

3. 「面對這樣的人際關係和世界」，為了保護自我，你覺得自己「應該怎麼做」？請試著把心中的信念和處世法則條列出來。

❶ 信念：＿＿＿＿＿＿＿＿＿＿＿＿＿＿＿＿＿＿。

　應該＿＿＿＿＿＿＿＿＿＿＿＿＿＿＿＿＿＿＿＿。

　因此＿＿＿＿＿＿＿＿＿＿＿＿＿＿＿＿＿＿＿＿。

❷ 處世法則：（總是、無條件、不管對誰、在哪裡）都必須

　＿＿＿＿＿＿＿＿＿＿＿＿＿＿＿＿＿＿＿＿＿＿。

　或者（絕對不能）做出＿＿＿＿＿＿＿＿＿＿＿的行為。
　假如違反這些原則……

❸ 害怕的結果：就會招來＿＿＿＿＿＿＿＿＿＿的後果。

4. 讓我們逐一檢視前面列出來的項目，然後試著對自己提問。

❶一切會不會只是我的想像，生活其實並非如此？

_____

_____

_____

❷不照著規則走，是不是也無所謂呢？

_____

_____

_____

❸我認為能保護受傷的心靈之根，讓其不至於倒塌的心靈支柱，
會不會反而對自己形成束縛，阻礙了溝通？

_____

_____

_____

❹當時認為對的事物，至今是否依然不變？對現在的我有任何幫
助嗎？

_____

_____

_____

5. 最後，請為自己寫一封全世界最溫暖的信吧！不必非得使用第一人稱「我」，可以活用「你」或「○○（名字）」的第二人稱，或者以第三人稱來敘述也無妨。

_____

_____

_____

_____

_____

_____

_____

_____

_____

_____

_____

_____

_____

_____

_____

第四章

◆

理解我的心：
和自己溝通

在我呼喚他的名字之前，
他未曾有過絲毫的動搖。
當我開始呼喚他的名字，
他便來到我的身邊，綻放成一朵花。

—〈花〉，金春洙

◇◇ 解讀內心的魔法

在第三章裡，我們探討了妨礙健康溝通的心理陷阱來自於何處，因過往經驗所形成的心靈之根和心靈支柱，就是心理陷阱最主要的起源。每當我們面臨「危機狀況」時，沉睡在內心深處的心理陷阱就會發動，對我們造成影響。在第四章，我們將具體分析這種潛在的內心陷阱，是如何從「非活性」轉為「活性」狀態，並引發負面的情緒、想法和行為。

▋ 把溝通的重心放在「我」身上

當內心受到影響時，我們很難從容地予以應對，經常會出現急躁的反應。這種時候，我們會不知不覺地像往常一樣思考、感受或行動，無法說出自己真正的心裡話；而這種惡性循環不斷地重複，就會成為難以違逆的思維慣性。因此，為了掌握自己在溝通方面的惡性循環、改變思維慣性，首先要學會如何與自己溝通，也就是所謂的「心靈日記」——透過四道讀懂內心的魔法，有效整頓混亂心緒的技巧。

我們無法正確掌握自己的心意，卻總是想窺探他人的真心；連自己的心都讀不懂，卻渴望他人能夠予以理解。此外，我們明明就不能隨心所欲地控制自己的思緒，卻經常想掌控他人的想法。連我也不清楚自己的思維、感受和渴望，又怎能奢求對方懂我呢？就像這樣，我們經常在學會與自己溝通之前，就急著把精力花在與他人的溝通之上。

溝通時失去「自我」的重心，過分向他人傾斜，就會影響對方或者受到左右，無法好好地表達心意。唯有先穩住個人的重心，才能適當地守護彼此，進行健康的交流。因此，溝通的第一步，就是先讀懂自己的心，與自我展開溝通。接下來，就讓我們一起學習「四道魔法咒語」吧！當你被他人牽著鼻子走，難以釐清自身感受時，這些技巧將有助於整頓思緒。

▋ 心靈之根與心靈支柱甦醒的瞬間

在未能順利升遷、消沉好一陣子之後，芝賢久違地踏出家門，和高中同學相聚喝酒。酒酣耳熱之際，她好不容易吐出心中的愁苦：「最近可說是諸事不順，職場生活真的太辛苦了！工作都是我一個人全包，但好像怎麼做也得不到認可……」

這時，秀英回答道：「是不是因為你惹到誰，或者看起來好欺

負？公司內部的權力鬥爭也很關鍵，但這些你不太懂吧？」

芝賢的胸口彷彿被扎了一下，忍不住想：「所以沒能升職，說到底還是我的問題吧？果然我還是做不到嗎？」

未曾癒合的傷口，就這樣毫無預警地被揭露，這種感覺，就像在心靈之根撒鹽一樣痛。那句話好像沒有錯，所以更讓人感到難受。危機警報響起，揪心的疼痛與暴躁的情緒一湧而上，腦海裡瞬間有千萬種想法在奔騰。

「小看我的人是你吧？才會這樣直接攻擊我的弱點，不是嗎？如果我不做反應，是不是就看起來好欺負？要不要回嘴呢？但又不是什麼重要的事，會不會我一反擊，反倒讓對方受傷了呢？是我太敏感了嗎？該說什麼好呢？如果連話都說不清楚，結結巴巴的會不會更可笑？或是講到一半就哭了呢？會不會破壞現在的氣氛？大家會覺得我很討厭吧？如果真的和秀英吵起來，關係永遠回不去了怎麼辦？」

芝賢被各種負面情緒淹沒，感到既羞恥又憤怒，因為不知如何是好，於是陷入了困惑與焦慮之中。彷彿全身的警鈴嗡嗡作響，讓她心跳加速、呼吸急促且口乾舌燥。脖子和肩膀開始變得僵硬，手好像也在發抖。為了壓抑激烈的情緒，芝賢緊緊地握住雙手，「不能傷害到他人的情感」的處世規則綑綁著她。毫無顧忌地

撲上去反擊，好像只有自己會被以異樣眼光看待；但若待在原地默不作聲，似乎又會被貼上懦弱的標籤。

坐立不安的芝賢，最後還是像往常一樣，以尷尬的笑容跳過秀英的話，隨即轉移了話題，就像什麼事都沒發生過。然而，內心的情緒依舊無法平靜，不久後，芝賢就起身離開座位：「抱歉，我得先離席了，忘記明天要早點進公司，喝多了呢！」

回到家後，芝賢仍不斷回想當時的情況，內心相當難受。「應該回個一、二句的……」反覆的咀嚼之下，原本朝向秀英的憤怒，開始轉向了自己：「追根究柢，還是我的問題……」

芝賢躺在床上翻來覆去，不停地滑手機，但翻遍了電話簿，也找不到傾訴的對象。因為害怕失去朋友才不敢說出心裡話，但當下的芝賢，孤單得只剩下自己。

自動連載的負面劇本

當我們陷入日常危機、受到擺布時，沉睡的心靈之根和心靈支柱就會甦醒，不斷地湧出負面想法。這種即時冒出來的負面思維，就像輕敲膝蓋時，小腿會自動往前踢的反射動作一樣，與自身的意志無關，在認知行為理論中被稱為「自動化負面思考」

（Negative Automatic Thoughts，NATs）。如同芝賢的案例，在受到威脅的情況下，腦海裡會有許多想法一閃而過，接連引發羞恥、憤怒或焦慮等情感。而這些情感，就是一種通報緊急狀況的警鈴，會讓身體緊張起來，準備因應戰鬥或逃亡。

不過，面對這種時刻，芝賢做出了什麼樣的反應呢？雖然腦中閃過許多想法，但最後她仍一如往常地笑著轉移話題，就像什麼事情都沒發生一樣，以被動的方式給予反應。即便有自己的想法、感受或渴望，最終還是沒能當場察覺或表現出來，只是一味地迴避。

在這裡，我們可以想想看：假如芝賢不是把朋友的話視為「弱點攻擊」，而是以不同的角度進行理解，那麼她還會感受到相同的情緒，做出一樣的反應嗎？例如「秀英最近也被主管盯上，在公司過得很辛苦，以至於代入了個人情感」，若以「同病相憐」的角度來解讀秀英的言語，芝賢或許就不會如此地驚慌或羞憤。然而，在芝賢的危機狀況劇本中，把「秀英在酒席上說的話」當作「對我的攻擊」，於是就出現負面情緒和被動行為等連鎖反應。

根據認知行為理論的基本原理，在被他人影響、自己無法掌控內心時，情境、想法、情感與行動四大要素，會成為讀懂內心的重要線索。這些線索，就像是一道道魔法咒語，能夠通過緊閉的

關隘，一路直達心底，因此我又將它們稱為「解讀內心的魔法咒語」。

那麼，認為自身弱點被揭露、遭到攻擊的芝賢，內心最想說的話是什麼呢？接下來，就讓我們以認知行為理論為基礎，透過四道魔法咒語，嘗試與自己溝通看看吧！

◇◇ 第一道魔法：
掌握危機「情境」

　　圈套是為了捕捉野獸，用繩子打結做成的陷阱，當動物被絆住時，通常會驚慌失措，急於掙扎逃脫。不過，愈是奮力掙扎，繩子就會愈難解開，最後甚至動彈不得。同理，面對心理的陷阱，我們不需要立即做出反應，而是應該找到一面鏡子，反映並讀懂自己的想法，也就是所謂的「心靈日記」。

　　面對日常危機，連我都讀不懂自己的內心時，「心靈日記」是一種可以自我覺察，解讀並理解自身想法、情感與行為的技術，能夠有效予以「應對」，而不是反射性地冒出「反應」。解讀內心的心靈日記，不是為了尋找「更了解我的某個人」，而是為了培養自己的內在力量，發現並解決問題，讓「我」能夠成為最了解自己的人。

▎掌握「情感開關」被觸動的瞬間

　　「發生了什麼事呢？」每當看到有人表情凝重，我們通常會如此問道。在心靈日記的第一階段，為了正確釐清危機情境，我們

> **Q. 危機情境**：發生了什麼事呢？「情感開關」是在何時、何地、被誰所觸動？
>
> **A. 酒席間秀英所說的話**。和同學們聚會時，聊到最近在公司過得很辛苦，秀英對我說：「是不是因為你惹到誰，或者看起來好欺負？公司內部的權力鬥爭也很關鍵，但這些你不太懂吧？」
>
> **＊背景補充說明**：同期進公司的四名同事，近來不是順利升遷就是被派遣到海外，也經常聽到朋友結婚生子的消息。為了準備升職考試，這半年來我刻意不與朋友見面，只埋頭於工作和唸書，最後卻落榜了。秀英說出這句話時，我們已經喝了兩小時的酒，彼此都有些醉意。

也會用相同的方式對自己提問。面對引發問題的一連串事件，有時我們會用過於簡短的詞彙或句子來概括，例如芝賢可能會將自己受影響的危機狀況，濃縮成「和朋友一起喝酒」。但是，和朋友見面時，並沒有經常遇到類似的情況，飲酒與否也不是問題的癥結。在開懷暢飲、聊天的過程中，某個特定的時間點負面情緒突然一湧而上，就像埋在心底的地雷被踩到了一樣，這就是「情感開關」被觸動的瞬間。所謂掌握自己受擺布的危機情境，就是在一系列的事件當中，精準地挑出情緒爆發的節點。

大腦傾向只看自己相信的事物，難以用客觀的角度來解讀情境。不過，就像拿著攝影機到現場採訪一樣，我們必須盡可能站在客觀的立場回憶當下的情況。芝賢是在什麼時候、在哪裡、被誰觸動了「情感開關」？當時發生了什麼事呢？如前面的圖表所示，排除主觀判斷與推測，回到危機情境發生的時間與地點，將觀察到的事實拼湊整理出來。為了理解事件的前後脈絡，補充說明當下的背景亦有所幫助。

　　在這段紀錄裡，並沒有分析「為什麼」或「怎麼」發生這樣的事，因為那些屬於解釋、判斷、推論或推測的「思考領域」，並非「實際情境」。利用心靈日記寫下情感開關被觸動的脈絡，就能掌握自己在何種情境下最容易受到擺布。

◇◇ 第二道魔法：讀懂「情緒」

釐清「原來發生了這樣的事」後，接下來要學習的，就是「情感的咒語」。首先，問問看自己「心情如何」，感受到什麼樣的情緒，再進一步確認自己「有多難受」，掌握情感的濃度。就像在心中用情緒測量儀進行掃描一樣，了解自己感受到的情緒與程度。不妨用百分比的方式，把內心複雜的情感量化，例如「羞恥心（80%）、憤怒（60%）、慌張（100%）、不安（90%）」等。若偏好更直觀的形式，也可以用象徵怒火的紅色塗滿圖表的百分之六十，或者以其他圖形來呈現。

每個人經歷和表達情感的方式不同，只要定出與自身情感最相近的顏色即可。例如悲傷可以用深藍色來表現，但若已經超越悲傷，更接近於絕望的話，就可以用黑色做為象徵。有些悲傷不一定是沉在海底的藍黑色，而是充滿無力與麻木的灰色。

此外，「身體反應」也是一項重要的指標。我們的身體會隨著內心的狀態與情感，表現出各式各樣的反應。因此，我們也可以透過身體上的反應，逆向分析內心感受到的情緒。面對危機情況

1.情感：心情如何？有多難受？請試著測量一下自己心中的情感和濃度，然後記錄下來！

羞恥心（80%）、憤怒（60%）、慌張（100%）、不安（90%）

＊選擇最接近自身情感的顏色，為圖表上色吧！

2.身體反應：身體出現什麼樣的反應？和我感受到的情緒有何關聯？

❶ 心跳加快、呼吸急促、口乾舌燥、脖子和肩膀僵硬、雙手發抖 ➡**不安感**

❷ 臉頰或耳朵發燙，彷彿周圍的人都用「火辣」的視線盯著我看，有種受監視的不自在感，或者覺得自己變得萎靡和渺小 ➡**羞恥心**

❸ 心口發燙，覺得胸口和腦袋彷彿快要爆炸 ➡**憤怒**

❹ 腦中一片空白或冒冷汗，覺得全身僵硬、動彈不得 ➡**慌張**

時，請盡量仔細觀察身體出現了哪些症狀。

不問「原因」，
先分辨情感的「種類」

參加完聚會後，芝賢莫名地感到情緒低落。內心明明覺得不舒服，卻又無法用言語加以描述，也不懂自己為什麼會心情不好。面對這種情況，不僅僅是芝賢，很多人都會如此問道：「我為什麼會有這樣的感覺呢？」

連情緒的「種類」都不清楚，就先探問「為什麼」。追究情緒產生的原因，很容易引發對自我的懷疑與攻擊：「出現這樣的情緒是對的嗎？」、「我是不是有問題？」、「會不會是我太敏感了？」……這種自我懷疑，往往來自於對情緒的負面觀感，若認定「負面情緒不好」、「出現負面情緒等於有問題」時，就會很難處理這種不舒服的情緒。

此外，我們也經常在無意間接收到情感的負面認知，像是「與理性相比，情感既低等又不成熟」。在這種思維底下，我們會規定自己平時不該產生或表達負面情緒，然後刻意閃躲、掩蓋或壓抑類似的情感。

不過，在日常生活中遵循這樣的處世法則，很容易直接切斷察覺或表達自身情感的機會。

解讀情緒時，需要專注在自己「感受到什麼」，以及情緒的濃度有多高，而不是追究自己「為什麼」有這樣的情緒。為此，我們首先必須不帶偏見，完整地接納自身的情緒。如同七、八月會出現颱風等現象，我們應該用同樣的態度，將情緒視為一種自身的內在氣象。

即便是負面情緒，也先試著接納

情緒沒有好壞對錯之分，它就像是心靈對我們發出的信號。經常被認為是負面或錯誤的情緒，如憤怒、失望或不安等，其實也都各自肩負著不同的功能。舉例來說，憤怒之類的情緒，是當我們認為他人違反規則，或者做出侵害權利的行為時，從心底湧現出的情感。像是某人開車時不打方向燈，或者在地鐵車廂裡大聲通話，都會讓人感受到憤怒的情緒。俗話說「生氣也是一種力量」，我們的心會透過「憤怒」，凝聚身體和心靈的能量，然後帶著強烈的動機進行抵抗或提出要求。這種憤怒的情緒，在自己違反心中既定的規則時，也會把矛頭轉向自我。

強烈地感受到負面情緒時，就是內心正在發出「求救」信號。如同忽視身體上的疼痛，病症就會惡化一樣，不斷地迴避負面情緒，也會失去解讀和消除心理信息的機會。因此，自我溝通的第一步，就是從接受自己真實的情感開始。

　每個人都期望人生一帆風順，而負面情緒的出現，就像是突然闖入人生派對的不速之客。不過，請試著想像一下，無論是什麼樣的情緒，都只是前來傳達重要資訊的信差。當信件裡寫的是愉快的內容時，會由身穿綠色制服的信差上門；傳遞悲傷的內容時，則是由黃色制服的信差負責；若信件中有令人恐懼的信息，便由紅色制服的信差來傳達。只要是綠色制服的信差造訪，我們通常都會張開雙臂歡迎；但若是黃色或紅色的不速之客，我們大概連看都不看，就將他們拒之門外。信件的內容並不是信差寫的，他們不過是想稍作停留，把消息完整地傳達出去，但我們總是害怕聚會的氛圍被破壞，所以不願把門打開。假如他們上門造訪，我們就會強行驅趕或回絕，即使迫不得已開了門，也會刻意忽視或打壓。

　那麼，這些沒有受到邀請的不速之客，會做出什麼樣的行為呢？他們會在門外叫嚷，想方設法地擠進門，直到完成傳遞信件的任務為止。有時還會據理力爭、長時間逗留，或者做出讓人看不慣的行為，對我們造成折磨。為了與狂躁的情緒拉扯，最終我

們錯過了信件裡的重要資訊。比起情緒引發的問題，在驅趕時所爆發的爭執，反而更讓人陷入疲憊。

面對突然造訪的不速之客，我們究竟該如何反應呢？他們不過是傳遞信息的媒介而已，就算心中不樂意，也先把門打開吧！請呼喚他們的名字、收下他們帶來的信件，只要耐心等待，這些情緒就會自然而然地離去。

為情緒命名

為負面情緒敞開大門後，接下來要做的，就是一一喊出它們的名字。我們應該要問自己「感受到什麼樣的情緒」，而非「為什麼有這種感覺」。不僅僅是亞洲人，我在倫敦諮商室中遇到的來談者，大多對於察覺並表現出個人情感這件事顯得既尷尬又陌生。其中有位名叫史帝夫的中年來談者，讓我留下特別深刻的印象。每當談到心情時，他總是用「還可以」（alright）和「生氣」（angry）這兩個詞彙，來概括表達所有的情緒。對史帝夫而言，「還可以」一詞，包含了「真的很開心、非常幸福、自在、還算滿意、不怎麼樣、有點不愉快」等多樣又廣泛的情緒。此外，使用「生氣」這個詞時，也可以看出他未能細分形容情感的詞彙。感到飢餓與疲憊、焦躁、厭煩、鬱悶、遺憾、不安、傷心，或者因擔憂而心痛時，他全都會用「生氣」來表現。

用語言來表達情緒，並不如想像中容易。因為情緒與身體的感受密切相關，完全屬於個人經驗，就像嗅覺、觸覺與味覺等感官體驗一樣，該如何用言語來描述自己「感受到的經驗」呢？想像一下各種介紹紅酒或香水的場景，就能理解用語言來形容感覺，並不是件簡單的事。只要沒有親自嚐過或聞過，無論用多麼豐富的詞藻進行修飾，都難以準確地傳達感官體驗，而情緒亦是相同的道理。

那麼，既然情緒很難用言語形容，我們又為什麼非得要替它們命名呢？原因就在於，如果將「情緒感受」穿上「語言思考」的外衣，就會轉換至理性的領域。就像不急著把浮躁的情緒從內心趕出去，而是用「理性」的容器加以承載，等到它冷靜下來為止。若引導三歲孩童用詞彙形容自己的情緒，像是「我很生氣」，而不是一直尖叫或亂扔東西，你會發現他的憤怒明顯地平靜下來。分辨和解讀負面情緒，就像在安慰一個發脾氣的孩子，需要靜待時間的沉澱。

┃ 學習有關情緒的詞彙

即使有些難受，也請試著為情緒敞開大門，完整地去感受，並為它找到合適的名字。這些基礎訓練，有助於解讀自己的心意。

假如想不到恰當的詞彙，不妨試試以下這兩種方法：首先，我們可以參考「情緒詞彙列表」，從中找到最貼切的詞彙，進一步理解自身的情緒（參考 P.136）。以芝賢的故事為例，她感受到的情緒是羞恥、生氣、驚慌與不安。與其不斷回想當時的情境，對自我或他人發動攻擊，不如先用這樣的方式讀懂自己的心。此外，閱讀也能讓情緒詞彙變得豐富。翻看喜愛的詩集或小說，找到描寫情緒的詞彙，然後把它們圈出來吧！那些陌生或細膩的書寫，會讓自己的情緒詞彙更加多元。

第二個方法，就是專注於身體的感覺。芝賢感到焦慮時，會有心跳加速、呼吸急促、口乾舌燥等症狀，還會覺得脖子和肩膀僵硬，雙手顫抖。感到羞恥時，身體上的反應會更加複雜，像是極力隱藏的一面被揭露，覺得周圍的視線變得尖銳，或是有種自己變得渺小、萎靡、脆弱的感覺。每個人的身體反應都不一樣，即使有些難受，也請盡量去感覺身體出現的症狀，然後準確地指出來。接著，請為自己的情緒找到合適的形容詞，察覺「原來我有這樣的感受」。

以幼兒為對象的五感遊戲，指的是動員所有感官，藉由觀看、聆聽、觸摸、品嚐、嗅聞來學習新的事物。透過這樣的經歷，孩子學會將酸甜可口、咬下去噗滋一聲裂開、由紫色外皮包覆的淡綠色果實稱為「葡萄」。透過身體反應來熟悉情緒詞彙，也與這種

經驗型的語言學習相似。察覺情緒然後表達出來，同樣需要反覆地訓練並累積經驗，不可能在短時間內看到成果。但是，只要從現在開始，每天一點一滴地熟悉，慢慢教會受傷的內在小孩，情緒詞彙一定能使用得愈來愈流暢。

◇◇ 第三道魔法：讀懂「想法」

為了順利與心靈溝通，首先要能敞開大門迎接情緒，並為它找到合適的名字。而接下來，則是進一步閱讀心靈渴望傳達的訊息。就像往深井裡扔石頭，然後仔細傾聽它的回音一樣，我們要學會對自己提問：「原來你感受到這樣的情緒，當時的你是怎麼想的呢？」

在芝賢的情感背後，隱藏著什麼樣的想法呢？

對於秀英突然拋出的言語，她不知如何判斷與應對，感到十分慌張，而之所以產生憤怒的情緒，則是因為對方違反了原則，或者越過了底線。在這樣的脈絡底下，芝賢一想到秀英越線對自己展開攻擊，就忍不住火冒三丈；想到對方揭露自己極力隱藏的弱點，就不由得感到羞恥。對危機情況的憂心，亦即提前擔憂尚未發生的負面情境時，會感受到不安與焦慮。尤其愈是「高估危險的等級」，就愈會「低估自己準備與應對的能力」，不安的情緒也隨之高漲。芝賢認定秀英的發言具有很強的破壞力，對自己是一種很大的威脅；相反的，自己在應對進退上表現得不夠成熟，於

是陷入了無盡的擔憂與焦慮之中。

情緒	（情緒背後隱藏的）想法
慌張、混亂	情況發生得太突然（難以掌握），該怎麼辦呢？（不知該如何應對）
憤怒	小看我的人是你吧？才會這樣直接攻擊我的弱點，不是嗎？對啦，都是我的問題，我就是看起來好欺負、惹人厭，而且還不會社交！
羞恥	極力隱藏的弱點被當場揭露。
恐懼、不安	如果我不做反應，是不是就看起來好欺負？要不要回嘴呢？但又不是什麼重要的事，會不會我一反擊，反倒讓對方受傷了呢？是我太敏感了嗎？該說什麼好呢？如果連話都說不清楚，結結巴巴的會不會更可笑？或是講到一半就哭了呢？會不會破壞現在的氣氛？大家會覺得我很討厭吧？如果真的和秀英吵起來，關係永遠回不去了怎麼辦？

為什麼解讀想法如此困難？

記錄心靈日記時，「解讀想法」是讓人感到格外困難的階段。之所以會有這樣的感受，首要原因就在於「想法」跟孩子一樣，喜歡把所有東西都倒出來然後不整理，而且除了不聽話之外，還總是讓人在後頭追趕。據認知科學家的研究，假如我們一天清醒

的時間是十六小時，那麼其中約八小時的時間，我們的大腦會被各種雜念占據，無法專注於當下。此外，某些想法會在腦海中一閃而過，同時引發情緒和行為，因此，有不少人認為情緒或行為與想法無關，是自己憑空出現的。舉例來說，當我們看到孩子跑進車道，就會「想到」可能發生危險，內心產生危機感，然後身體付諸「行動」，跑出去攔住孩子。這一連串過程的時間間隔非常短，感覺就像同時發生。

我們的想法經常瞬間切換，導致注意力分散，也對心靈造成折磨。捕捉和解讀想法的過程就像學習樂器一樣，需要堅持不懈的練習。雖然分析負面思維非常重要，但我們很難立即找到自己的癥結點，因此，不妨先掌握心靈發出的「情緒」信號，然後再以此為線索，追溯隱藏在情感背後的思維。

想法難以解讀的第二個原因，就在於想法與情感互相影響，緊緊地纏在一起。我們通常會認為下決定、為目標賦予動機或發揮意志力等，是理性與思考的領域，然而，如果缺乏情感的作用，這些精神活動就無法順利進行。此外，位於邊緣系統（情緒腦）與大腦（思維腦）之間，負責調節注意力、決定要關注哪些事物的扣帶皮層（Cingulate Cortex），會提醒大腦必須注意「刺激情感或承載情感的訊息」。因此，在控制注意力或改變思維方面，情緒

也發揮了重要的作用。

　　思想和情緒不僅關係密切，而且會互相影響。如前文所提到的，剎那間的想法會延伸為情緒，而情緒也會左右思維的流向或整體的色調。例如因某種原因陷入悲傷時，主要會產生喪失或自我攻擊等「憂鬱思維」，而在睡眠品質不佳或極度疲勞的狀態下，面對無關緊要的瑣事時，也很容易被「煩躁的思維」束縛。就像一部影片會根據背景音樂或整體色調的差異，帶給人完全不同的感覺，負面情緒的產生，也會使思維的流向變得更加消極。亦即，憂鬱的想法會帶來憂鬱的情緒，而憂鬱的情緒又會助長憂鬱的思維，陷入難以跳脫的惡性循環裡。最後，在不斷的反覆下，思維和情感逐漸融為一體。

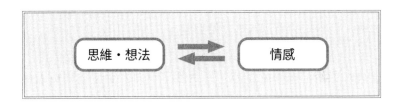

┃「我」和「我的想法」不一樣

　　感性與理性的大腦不能單獨分開，觀察大腦的綜合功能時，

思想和情感會一起發揮作用，並且在日常語言中表現出來。例如「失望」這個充滿情緒的詞彙，其實也包含了「事情未能按照預期進行」的想法，也就是情感早已被融入語言思考的器皿裡。此外，「我覺得你在指責我的弱點」這句話，也是用「感覺」來傳達「弱點受指責的想法」，同樣是情感與思想合而為一的表現。

那麼，在解讀心靈時，為什麼一定要把相互影響、交融的想法和情感分開來看呢？又為什麼一定要寫成文字紀錄？理由就在於，我們要像「整理房間」一樣，將凌亂的心情和思緒逐一歸位。跟著四道魔法步驟，將情境、想法、情感和行動放進各自的抽屜裡，就能更輕易地讀懂自己的心。此外，即使遇到突發狀況，我們也能不慌不忙地找到必需品，沉著地應對溝通上的危機。在撰寫心靈日記時，我們偶爾會覺得繁瑣、困難或害怕而試圖省略，但這樣的過程其實非常重要。

整理和記錄心靈日記的過程，是為了與自我建立健康的關係，保持適當的距離。當我們把腦海裡糾結的事物整頓清楚，並且用文字加以表現，就等於是為自我和思想拉開了物理上的距離。我們經常會把「自我」和「想法」混為一談，然而，就像窗外的風景一樣，有些景物只是不留痕跡地一閃而過，有些則會深深地印在腦海裡。即便緊緊抓住了某些刻骨銘心的場面，也不代表這些

場景就能和「我」畫上等號。思維也是同樣的道理，許多想法會接二連三地從意識中掠過，當中也可能有些念頭會讓我們不肯放棄或陷入執著。不過，這些想法並不等同於「自我」。

「想法化為現實」聽起來就像魔法，但在我們的腦海裡，這種魔法發生得相當頻繁。當我們緊緊抓住某些念頭時，相同的思維就會在腦中反覆重播，於是我們會像被洗腦一樣，篤信自己的想法就是事實。前文曾提到芝賢認定自己「能力不足又軟弱」，這種想法其實也可以被打破，不等於真實的自我面貌。

為了替「自我」和「想法」建立新的關係，我們需要學會維持健康的距離。所謂的「健康距離」，是指以客觀的角度檢視自身想法的「後設認知」（Metacognition）能力，可以透過心靈日記來練習。假如在撰寫的過程中，發現某些想法對自己造成困擾，嘗試轉換解讀的方式就會有所幫助，例如「我能力不足」，可以改成「我覺得自己有進步的空間」，或者以第三人稱「芝賢覺得自己可以更好」來代替。藉由這樣的練習，我們將得以用個別的角度看待想法與自我。

◇◇ 第四道魔法：觀察「行動」

解讀完情緒和想法，最後一個階段是觀察行動。我們經常會說「心裡明明不是那樣想，不曉得為什麼做出那樣的行為」，無意中說出的言語和行為，也像「自動產生的想法」一樣，是一種反射性的表現，所以很難立即察覺。面對這種情況，為了不漏掉自己任何微小的行動，請撇開偏見或自我攻擊，帶著好奇心進行觀察吧！參考第二章提到的溝通類型，檢視看看自己容易受擺布的時間、地點或對象，以及在受到影響時，是否會出現比平時「過分」或「迴避」的行為。

▌習慣「反應」而非「應對」

為了察覺自己受擺布時會出現哪些行為，現在就讓我們重新審視一下芝賢的危機情況。和往常一樣，芝賢看似對秀英的話不痛不癢，只以尷尬的笑容迅速轉移話題，就像什麼事都沒發生過。接著，她以隔天必須早點進公司為藉口，提早離開了聚會。在「危機情況」中感到驚慌，然後為了盡快消除負面的想法與情

緒，芝賢在仔細觀察自我之前，就以被動的態度做出了反應。這種行為雖然可以避免眼前的危機，卻不能從根本上解決溝通問題。被動式的言行，會對她的思維、情感和未來產生什麼樣的影響呢？

假如芝賢未能說出心聲，只是一味地迴避「令人不適的對話」，相當於切斷了當場向對方確認的機會，無從得知自己的解讀有沒有誤會。如此一來，問題情況就不會獲得改善，「秀英故意揭穿我的弱點，對此進行攻擊」的想法，也會原封不動地變成心結。一旦心中產生疙瘩，未來就很可能戴著有色眼鏡，看待秀英所有不帶惡意的言行。此外，如果芝賢繼續假裝無所謂，不告訴對方自己的地雷在哪裡，那麼秀英就不會意識到自己「越線」，類似行為重複出現的可能性極高。長此以往，覺得自己「忍無可忍」的芝賢和不斷「越線」的秀英，就會從某個瞬間開始漸行漸遠。若反覆累積這種經驗，心靈之根也會受到創傷，導致「我果然很好欺負」的想法更加堅固，自尊感隨之下降。

最終，對人際關係感到倦怠的芝賢，會逐漸把身邊的人往外推。為了不失去朋友而隱藏心聲、凡事配合的態度，反倒招來自己最害怕的結果——形單影隻。「想法」對情境做出負面解讀，接著帶來「情感」和「行動」的連鎖反應，然後再次影響日後的生活，不斷地反覆循環。

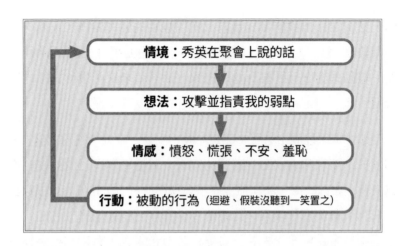

就像這樣，我們會在類似的情境中，反覆類似的擔憂，受到類似的創傷，表現出類似的行為，成為一種惡性循環。就像重複練習一首鋼琴曲，就會在無意識中彈奏出來一樣，這種惡性循環彷彿是樂譜上的反覆記號，「情境－想法－情感－行動」會連成一體，變得更加牢固。這一連串過程，就像自動化程序一般，逐漸積累成習，不僅會讓自己陷入相同的問題情境，還會像失控的火車一樣，使情況急遽惡化——這就是難以破除的思維慣性。

行動也會引導思想與情感

根據行為的不同，情況也會有所改變，這點在常識上很容易理

解。此外，透過芝賢的案例，我們得知情境會觸發想法，接著帶來情感與行動的連鎖反應，而行動也會再次影響情況，衍生出想法與情感。那麼，行動能否跳過情境，直接影響思維與情感呢？

舉個簡單的例子，在梅雨季或寒冷的冬天，我們不能到戶外活動，或是因為身體不舒服只能待在家裡時，就會非常容易感到憂鬱，或者陷入消極的思維裡。為了維持精神健康，我們需要均衡地「攝取」成就感、滿足感與紐帶感，如果沒能進行類似的活動，長期困在家裡的話，很容易覺得生活毫無意義，陷入負面想法或憂鬱的情緒裡。另一個行動直接影響想法或情感的例子，就是當我們穿得像專家一樣時，不知道為什麼就會覺得自己變得更有專業感，這些都是基於相似的原理。如各種實驗結果所示，思想或情感會引發行動，反之，行為也可以導引我們的思想與情感。

解讀心靈的四道魔法，不僅會產生從情境到思想、從思想到情感、從情感到行動的單向連鎖反應，還會彼此影響、互相作用。假如有其中一項出現問題，平衡被打破的話，就會開始產生惡性循環。

那麼，想擺脫惡性循環的思維慣性，應該怎麼做呢？套用四道魔法互相連結的原理，就是我們無論從哪裡開始，都可以將思維的慣性轉為良性循環。許多人為了解決問題，會選擇從情境

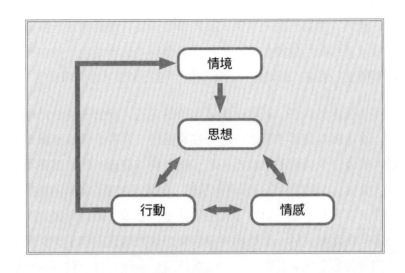

下手，像是為了「不被輕視」而努力爭取年薪或改變外貌等。當然，這種方式也有一定的成效，但就內在變化而言，效果十分有限。就像表面上看起來「完美無缺」，擁有出眾的外貌、財富或地位的人，也會因憂鬱而感到痛苦。如字面上所示，認知行為理論認為解決根本問題的關鍵，就在於認知（想法）和行為的變化。當思想和行動有所改變，內在就會產生真正的良性循環，為思維慣性打開一條全新的路。

芝賢真正想說的話是什麼呢？如果可以整理好自己的想法與情緒，用健康的方式傳達出要求，或許芝賢會這麼說：

「聽到這些話，我的心裡有些難受，因為這會讓我覺得自己做得不夠好。最近所有事都不順利，我老是覺得問題出在自己身上。雖然我知道你說這些話是想幫我，但比起建議，現在的我其實更需要安慰。」

透過心靈日記與自我溝通，讀懂自己的心之後，接下來就讓我們看看該「如何」具體地傳達心意，學習基本的溝通技巧吧！

自我關懷

1. 參考芝賢的例子,製作自己的心靈日記吧!心靈日記不是要寫下每天發生的事,而是要篩選出「危機情境」,在必要時進行記錄。負面情緒有多強烈、持續多長時間,以及日常活動因此受到了多大影響,這些就是判斷「危機情境」的基準。假設60%以上的強烈情緒持續了一段時間,而且對工作或人際關係造成負面影響,就可以視為危機情境。就像把每天的天氣數據累積起來,就能做出天氣預報一樣,長期記錄的心靈日記,也有助於理解和把握自己的心靈氣候。

❶ 情境:什麼事引發了危機?在何時、何地、和誰發生了什麼,導致情感開關被觸動?

　(提示:如果最近情感受創,至今還留有心結的話,不妨先回想一下當時的情況。
　情感開關被觸動的瞬間,是和誰、在哪裡、經歷了何種事件?)

_____

_____

_____

_____

_____

_____

❷ **情感**：當時的心情如何？內心有多難受？

(提示：專注於心靈發出的信號—情緒與身體反應，然後為情緒命名，並測定其強度。可參考情緒詞彙列表，或者仔細觀察身體反應，找出合適的情緒形容詞。)

情緒詞彙① _____ ％

情緒詞彙② _____ ％

情緒詞彙③ _____ ％

＊選出與自身情感最相近的顏色，在圖表中上色吧！

情緒詞彙①	
情緒詞彙②	
情緒詞彙③	

＊**身體反應**：身體的哪個部位出現反應？讓我們看看該症狀與什麼情緒有關。

身體反應 _____ ：情緒① _____

身體反應 _____ ：情緒② _____

身體反應 _____ ：情緒③ _____

❸ 想法：出現那樣的情緒時，腦海中有什麼樣的想法？

（提示：為了解讀隱藏在情感背後的想法，請不要感到心急，仔細傾聽並記錄自己的心聲，如「我有……的想法」；也可以使用第三人稱來表達，如「○○（名字）是這麼想的」。）

---

❹ 行動：當時我以何種行為做出反應？

（提示：當心情受到影響時，請仔細把自己不經意做出的行為記錄下來。如果發現有某些行為重複出現，就找找看與之對應的溝通類型。接著，請思考一下自己真正的需求和渴望，以及怎麼做才是對自己有益的選擇。）

---

1. **溝通類型：**如果某種行為反覆出現，請選出該行為屬於哪一種溝通類型。

☐被動軟柿子型

☐推土機攻擊型

☐繞圈子被動攻擊型

☐健康果斷型

2. **替代方案：**當時真正需要且想要的是什麼？什麼樣的選擇，才會對我真正產生幫助？

_____

_____

_____

_____

_____

下面的「情緒詞彙列表」，是以主要情感為分類，將各種細膩的情緒詞彙進行歸納與統整。在找不到合適的詞語時，這張表可以幫助你快速地查找情緒形容詞。不過，由於情感並沒有明確的區分標準，根據情況不同，可以用各種不同的方式來定義或分類，參考時請務必留意。

正如前文所提，在將直接經歷的情緒轉換為思考領域的「語言」時，情況、想法或感官要素等也會混合在詞彙當中。此外，根據意義和用途的不同，部分較為細膩的情緒，會同時涉及多個情感領域。例如「狂熱」這樣的詞彙，雖然被分類在「關心」的欄位裡，但語意中也包含了欲望、活力、喜悅和驚訝等元素。而「麻木」這樣的形容，有可能是漠不關心，也有可能是過於不安而切斷了所有感覺神經，或者是憂鬱加重時所感受到的無力。因此，請根據個人經驗來活用列表，找出與自己情緒最相近的詞彙吧！

主要情感	細部情感
生氣	激憤、憤怒、火大、怨恨、可恨、鬱悶、不爽、煩躁、礙眼、冤枉
罪惡感	內疚、抱歉、沉重、揪心
憂鬱	絕望、挫折、無力、悲慘、悲痛、悽慘、慚愧、剝奪感、失落、沉痛、心痛、悶悶不樂、抑鬱、悲傷、鬱結、沮喪、失望、遺憾、可惜、惆悵、苦澀、意志消沉、無精打采、垂頭喪氣、低落、愁悶

羞恥	可恥、丟臉、尷尬、畏縮
孤獨	孤單、受冷落、寂寞、落寞、空虛
不安	陷入恐慌、僵直、麻木、恐怖、驚恐、毛骨悚然、陰森、發冷、害怕、畏懼、懼怕、坐立難安、可疑、擔憂、緊張、顫抖、焦躁、惴惴不安、壓力過大、壓迫感、擔心、負擔、小心翼翼
驚慌	茫然若失、受衝擊、不知所措、慌張、困惑、混亂、驚人、驚奇、刺激
漠不關心	冷漠、冷淡、麻木、無聊
痛苦	心碎、難受、頭痛、筋疲力盡、疲憊、疲乏、倦怠、吃力、不幸
不悅	嫌惡、討厭、憎惡、抓狂、厭煩、可恨、不快、厭惡、不愉快、質疑、不自在、嫉妒、彆扭
愉快	痛快、愜意、愉悅、舒暢、振奮
開心	飄飄然、充滿希望、心動、興奮、幸福、享受、高興、自由自在
欲望與活力	激動、興致勃勃、躁動、得意洋洋、充滿活力、志氣昂揚、有幹勁、萎靡不振、有氣無力、不耐煩
滿足	內心澎湃、充實、滿意、知足、欣慰、自豪
感謝	感激、感動、感恩、溫暖、溫馨
安定感	安心、安穩、悠閒、從容、平和、平靜、平穩、舒適、穩定、暖洋洋、沉穩、寬心、安寧、踏實
關心	沉迷、狂熱、熾熱、執著、熱衷、耽溺、著迷、專注、愛慕、喜愛、喜歡、熱情、羨慕、欽羨、被吸引、好奇、產生好感

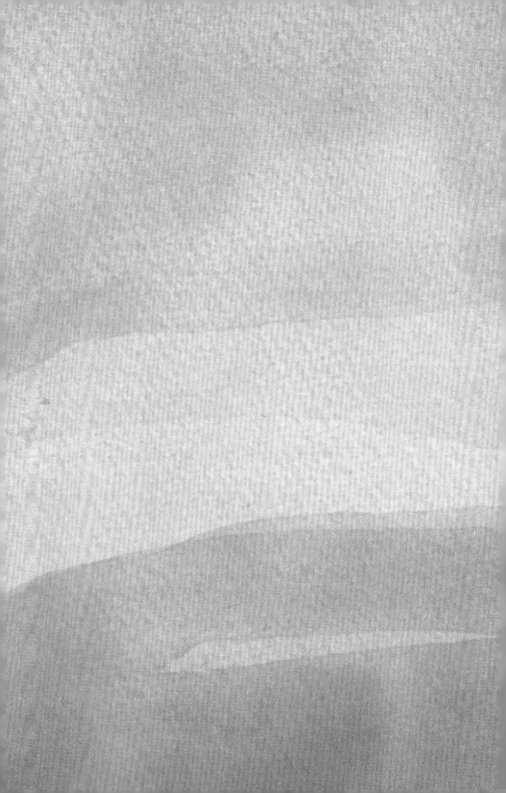

第五章

◆

傳達我的心意：
說話和傾聽

人類有兩隻耳朵、一張嘴，
意味著我們應該少說多聽。

—《塔木德》，猶太法典

◇◇ 健康果斷型的說話技巧

　　至今為止，我們逐一分析了容易受他人左右、無法說出心裡話的原因，以及健康溝通的基本概念與原理。在第一章，我們探討何謂健康的溝通，接著，為了檢視自己的溝通模式，第二章介紹了四種不同的溝通類型。到第三章，我們進一步探索阻礙健康溝通的心靈陷阱是如何形成的，並且對心靈之根與心靈支柱有了初步的理解。而在第四章，我們學會在掉進心靈陷阱、遭遇危機情境時，該如何與自己的心展開溝通。

　　因此，接下來要學習的，就是如何把心意傳達出去。更具體地來說，就是「怎麼做才能不受他人擺布，說出自己想說的話」。在第五章，我們將把重點放在對話和傾聽的基本技巧，以求達成健康的溝通。

　　首先，溝通要從讀懂自己的心開始。與自我的溝通，是在向他人傳達心意時，足以守護「自我」的核心要素。對話時為了保持個人重心，最基本的技巧就是使用以「我」為主體的句子。因此，發言時應盡可能以「我」做為主語，同時包含自己的想法、

情感或需求。接下來，就讓我們看看健康果斷型的人常用的基本句法，再學習各種變化的句型與活用。

基本型：以「我」做為主語，包含想法＋情感＋需求

即使省略主語或改變語序，大部分的語意也能相通，因此有些人句子中的主語經常模糊不清。然而，若想展開健康的溝通，在表達想法、情感與需求時，主語的明確性就非常重要。以「我」為主語的句子，意味著我有選擇的權利，同時也會負起相應的責任。此外，這樣的語句也能把傾斜的重心重新拉回自己身上，並且不把責任轉嫁給對方。以「我」為中心的句子，大多以下列的型態開始：

> ［想法］我的想法是……／我覺得……
> ［情感］我有……的感覺／我的心情……
> ［需求］我希望……（我需要……）／我想要的是……

遇到矛盾時，如果句子的主語不是採取「我」而是「你」做為開頭，會發生什麼問題呢？讓我們來看看下面的例子。

敏靜：（發脾氣）你總是遲到！天氣這麼冷，「你」一點也不考慮等待的人吧？你原本就這麼自私，只想到自己嗎？你遲到太久，氣氛都被破壞了。

素英：（大聲反駁）沒辦法啊，路上塞車。都已經道歉了，你還要我怎樣？

敏靜：憑什麼發脾氣？這哪裡像道歉的態度？

素英：因為你講話很難聽，讓人完全不想道歉。你以前遲到的時候，我也都忍下來了。

敏靜：那都多久以前的事了，你到現在還掛嘴上？

在上述的對話中，敏靜使用「你……」做為句子的主語，這種以對方為中心的形式，很容易成為帶有攻擊性的指責。而素英也在回應的同時進行防禦，除了提高嗓門之外，更提到過去的事做為反擊。如果想把焦點放在解決問題上，就不該用「你」為主語互相攻擊，而是要以「我」為中心來表達想法和感受。

在感受到負面情緒時，如果能先與自我溝通，解讀情緒的種類，就可以用「我覺得很難過」、「心情很差」、「生氣」、「不安」、「擔心」、「困惑」等詞彙，明確表達出自己的情感。敏靜因為素英遲到而生氣，內心覺得難受，就應該用「我真的很難

過」、「天氣很冷，我又等了這麼久，真的很生氣」，以「我」做為主語來表達情緒。

此外，向對方傳達自身想法時，也應該用「我覺得……」、「我有……的想法」、「我的想法是……」，明確指出思考的主體是「我」。因為我的想法屬於主觀意見，所以必須和事實明顯地區分開來。例如「你很自私，總是只想到自己，一點也不考慮等待的人」只是敏靜的主觀意見，應避免將其當作事實來陳述。相反的，可以用「我覺得你對我有點不夠體貼」來表達。

向對方表明自己的渴望或需求時，也不例外。「需求」是在表達出自身想法與情感後，試圖解決問題的階段，因此，建議用「我想做」或「不想做」，確切地說出自己的請託或需求。例如「我想做……／不想做……」、「我希望……請幫我……／請不要……」等，表達時應該以「我」做為主語。有時我們會看到某些人不明確指出自身的渴望，以「因為媽媽想要……」、「因為朋友拜託我……」等為藉口。這種以他人為主語的表達方式，多少包含著「選擇權不在我」、「我不必為此負責」的意思。

其次，向對方提出需求時，最好以「到什麼時候為止」、「怎麼做」等方式，具體進行說明。例如敏靜與其籠統地要求素英「下次不要再遲到了」，不如提出「下次如果會遲到，就提前聯

絡我」，或者「在外面等很累，下次我們約在咖啡廳或室內見面吧」。這樣的表達方式，會讓對方更容易給予回應。

與其追問對方「為什麼」，明確提出自己的需求會更有效。若仔細推敲「為什麼」這句話，會發現背後其實藏有「不應該那麼做」的含意，換句話說，就是質問對方「明知道是錯的，為什麼還要這麼做」，而不是真的對原因感到好奇。因此，這種提問會導致對方開始辯解或反擊，進行過度的防禦，而不是針對問題討論解決之道。戀人之間也一樣，如果總是追問「你到底為什麼這樣做」，很容易引發損耗性的爭吵。比起追究「為什麼」，不如清楚地要求對方「不要這樣做」，才是更為健康的溝通方式。

變化型：以「我」為主語進行情感溝通

敏靜和素英的對話，展現了人際關係中可能頻繁出現的矛盾情況，例如對方突然取消約會、亂丟襪子、不打掃環境等，種種的負面結果令我們心生不滿。若不滿的情緒持續累積，導致憤怒爆發或失望感擴大，我們很容易做出攻擊或被動性的反應。面對這種情況，我們應盡可能不要指責他人，使用以「我」為主語的句子，試著把焦點放在自身的感受上，進行「情感溝通」。用基本句型加以變化的情感溝通，不是要把想法、情緒、要求等全部裝在

> [想法] 我很難過。
> [情感＋需求] 我覺得很難過，下次如果會遲到，請提前和我聯繫。
> 〔結果＋情感＋需求〕天氣很冷，我在這裡等了三十分鐘，感覺很難過。下次如果會遲到，請提前和我聯繫。

裡面，而是以情緒為中心來「附加挑選」。若能透過情感溝通排解負面情緒，就可以在某種程度上降低緊張感，擁有整理自身情緒的餘裕。

以「我」為主語進行情感溝通，最簡單的型態就是用簡潔、明確的情緒詞彙表達情感。例如在觀眾面前演講時，比起壓抑自己緊張的情緒，不如直接表示「我非常緊張」；在人際關係遇到矛盾時，可以用「生氣」、「傷心」等詞彙，專注於自身情感，然後簡單扼要地表現出來。此外，我們也可以在情感上附帶需求，例如「我非常緊張，請大家為我加油」、「我很難過，請不要再做出那樣的舉動」等。

於情感和要求上再附加「結果」，成為「結果＋情感＋需求」的型態，也是一種情感溝通的形式。亦即，說明對方的行為造成何

種後果，接著再表達自己的情感與需求。這時，為了讓對方意識到發生什麼樣的「傷害」，應該直接陳述事實就好，不要誇大或扭曲，才能讓對方產生愧疚感。此外，如果訊息已足夠明瞭，不妨省略掉自己對結果的看法。

在說明對方的行為所帶來的結果時，須特別注意別讓對話演變成指責或攻擊。應避免把焦點放在「人」身上，像是「因為你……所以……」等，可以嘗試整理出引發問題的情況或行為。以敏靜的狀況為例，與其把焦點放在指責「你」這個人，不妨告訴遲到的素英「我聯繫不上你，結果在寒冷的室外等了三十分鐘」，然後用「生氣和難過」來表達情緒，接著提出要求事項以解決問題，如「下次我們約在室內」、「以後如果會遲到，就提前和我聯繫」。

▌以「我」為主語來保持重心

再強調一次，健康果斷型的對話方式，就是以「我」為主語，守護自己的重心。尤其在對方得寸進尺時，這一點又變得更加重要。例如我已經表達了自己不悅的情緒，但對方卻以「我是開玩笑的，這又沒什麼大不了，是你太敏感」等言語，來否定我感受到的情緒。面對這種「危機情境」，如果想冷靜地傳達心聲，就要反覆地提醒對方：「或許你不這樣想，但我覺得很不開心」，或者

「就算只是開玩笑，我聽了也很不開心，以後請不要說這種話」。

另外，根據對方的行為與情境，表達的語氣也要有所區別。在溫和與果斷之間，有時5：5的比例是恰當的，但如果對方不斷越線，那麼2分溫和加上8分果斷，可能才是更有效的配置。例如把強度從「別這麼做」提升到「請勿……」，同時保持冷靜與明確的態度，別讓溝通流於攻擊或被動。

◇◇ 發言時的注意事項

　　為了讓溝通兼具溫和與果斷，在前一小節裡，我們探討了以「我」為主語的技巧，藉此表達自己的想法、情感與要求。說話時以「我」為主語，有助於保持重心，即便對方出現越界的言行，我們依然能毫不動搖地說出心聲。接下來，就讓我們看看健康果斷型的說話方式，有哪些地方需要特別留意。

▌ 句子盡量簡潔明瞭

　　說話時如果句子過短，會給人一種拒絕溝通的感覺，但若不斷重複相同的話，或者不講重點，也會讓對方心生反感。尤其在我們感到生氣或不安，痛苦的情緒尚未緩解時，經常會反覆地抱怨或訴苦，直到情緒找到出口為止。不過，一味地埋在情緒裡，其實對情況沒有幫助，只會讓對方急於迴避，傳達出的訊息效果也會減半。因此，對話時句子應盡量保持合理的長度，清晰、明確地傳達給對方，不要刻意繞圈子或長篇大論。

區分事實與意見

「本來就那樣」、「一定沒錯」，在腦中將個人的主觀意見當作既定事實，這樣的語言習慣，會給人霸道、武斷的印象。在溝通時，若提及自己的經驗或意見，請盡量以「我認為⋯⋯」、「我的意見是⋯⋯」、「我的經驗上⋯⋯」等來表達。即使心中認定那就是事實，也要以客觀的立場進行查核；若很難確認事情的真偽，不妨以「在我的印象中⋯⋯」、「我認為⋯⋯」等形式來敘述。

切忌單方面發言

對話是雙向交流，不僅要能說出自己的心聲，也要懂得傾聽對方的想法。善於接納對方的話語，也是一門重要的溝通技巧。無論再怎麼能言善道，如果只有單方面發言，就稱不上是「對話」，而是「演講」。溝通不是一個人的獨角戲，也不應該由某一方負責引導或維持氣氛。如果只是單方面自說自話，或者打斷對方的發言，很難讓人有被尊重的感覺。溝通時若能善於傾聽、適時給予回應，就能展現出體貼與尊重的態度。

把「人」和「行為」分開

簡單來說，就是對於某種情況或事件，不要歸咎於「人」，而是針對「行為」做出提醒。例如孩子在走路時，因為沒有直視前方而跌倒，父母既擔心又不捨，於是勃然大怒：「你怎麼會那麼不小心！」

然而，這樣的指責不只是針對當下行為，更是對人格的一種攻擊，意味著「你是個粗心大意的孩子」。一個人的行為可以被改變，但存在的本身難以撼動。因此，聽到這句話的孩子，無法產生動力去糾正自己「走路要注意前方」。此外，若這些負面訊息不斷累積，甚至會形成一種消極且扭曲的價值觀，讓孩子認定自己「本來就是那樣的人」。

反之，將人與行動區分開來，就會給予對方改變的機會和選擇權。亦即，不是「粗心大意的孩子」，而是「行為粗心大意」。在需要指出問題時，應該將人與行動分開，把焦點放在行為上。因此，看到孩子摔倒時，最好的方法是提醒他：「走路不看前面會跌倒，要小心一點。」

別與他人比較

「其他孩子都做得很好」、「這種程度大家不是都做得到嗎」等比較，對溝通沒有任何幫助。若沒有提出具體的問題和解決方案，只是一味地比較，就會傳達出「你比別人差」的訊息，進而引發對方絕望、放棄、憤怒和抵抗的情緒。假如非比較不可，用「昨天」會比「他人」來得好。換句話說，不是要與「更優秀的人」比，而是要讓自己比「昨天的我更好」；把比較對象設定為自己，將能取得更好的成效。此外，根據情況所需，不得已要和他人進行比較時，建議別單純把兩者列在一起檢視，應該把人和行為區分開來，透過他人更有效率的「行為範例」，找出值得學習的地方。

保持靈活開放的態度

矛盾引發的危機雖然有可能對我們造成影響，但也有可能是進步和學習的機會。為了讓矛盾昇華為成長，溝通時應該著重在「一起解決」的合作態度，而不是持續地互相指責。如果希望透過對話找出更好的解方，就別封閉地認定對方「不合理」，阻絕一切想法或提案，而是以更靈活開放的姿態，鼓勵對方積極參與溝通，像是「怎麼做比較好？」、「你覺得如何？」等。

說話不離題

健康溝通的前提，在於擁有明確的主題和目的，也就是「針對什麼事」和「為了什麼」。例如下班後覺得疲倦又煩躁，對一點瑣事也變得異常敏感，弟弟來拜託我去洗碗，但我只想拒絕。這時，溝通的主題在於「誰去洗堆積成山的碗」，而我的目的是告訴對方「我現在沒力氣」。如果不是想藉由吵架來發洩疲憊與鬱悶的情緒，就應該清楚傳達出自己的情感、想法與要求，讓對話不要偏離中心。

請看看下面的例子：

◆ 我下班回來已經很累了，碗一定要我洗嗎？說要念書，你一整天在家都做了什麼？→推土機攻擊型
◆ 我今天真的很累，只想好好休息。明天的碗我會洗，今天就先麻煩你了。→健康果斷型

隨著對話推進，如果內容頻繁地偏離中心，就請再次去回想最初的主題與目的。為了把走偏的話題拉回來，我們要應對的是「話題的內容」，而不是把焦點放在「對方的態度」。如果把對方

的態度當作問題，對話就容易離題，彼此互抓語病，引發無謂的爭吵。到頭來，不僅問題未能解決，也會切斷溝通的管道。

◇◇ 健康果斷型的聆聽技巧

比起口才佳的人，我們更喜歡善於傾聽的對象。回顧對話時的經驗會發現，通常我們覺得自己與對方「聊得來」，都不是因為對方善於表達，而是因為很懂得傾聽並給予回饋。不過，人們大多偏好談論自我，而不是注意聽他人說話；經常更希望獲得理解，而不是向他人付出關懷。據研究結果顯示，人們大約會花百分之四十的時間在談論自我，由此可見，大多數的人都較喜歡說話。若仔細觀察脫口秀的主持人，也可以發現他們的溝通方式，積極運用了傾聽和回應的技巧。

據哈佛大學的研究指出，當我們談論自己時，大腦會分泌多巴胺，讓人像發生性關係或吃美食一樣感到愉悅。但是，如果大家都只顧著發言，情況會變成怎樣呢？說話的人多，傾聽的人少，最後就難以進行良好的溝通。因此，若我們希望對方認真聽我說話，就應該以同樣的態度尊重對方。我們都討厭和不懂得分享的人一起用餐，同樣的，排斥自說自話的人，也是一種很自然的現象。所謂的健康溝通，除了具備表達能力外，也需要熟悉聆聽的技巧。

專注聆聽&回應的技巧

對話時，有些人很善於給予「回應」。適當的反應，能夠向對方傳達出「我在認真聽你說話」的訊息，有助於延續彼此的對話。接下來，就讓我們看看回應時有哪些技巧吧！

✦ **點頭回應**：傳達「我在認真聽」的訊息，例如在聽的過程中，用「嗯」或「是」等語助詞，給予對方簡單的回應。

✦ **附和回應**：用「對啊」、「沒錯」等反應，來認同對方的言論。不過，這時如果繼續接著說「我也是那樣……」、「我的情況是……」，開始談論起個人經驗的話，反而會引發反效果。

✦ **鏡像回應**：重複對方的話進行反問。例如對方表示「最近每天下班後都和男友見面」，就可以用「和男朋友？每天？」的方式給予回應。

✦ **摘要式回應**：在單純的鏡像回應上進一步發展，亦即當對方談的內容變長或難以彙整時，就暫時打斷做一次簡單的摘要。這是辯論會或脫口秀主持人經常使用的技巧，能夠告訴對方「我懂你的意思」，或者確認自己的理解是否正確。

✦ **誘導式回應**：對接下來的內容表現出好奇，像是「然後呢？」、「之後怎麼樣了？」等，讓對方知道「我很感興趣」、「想繼續

聽」。提問時，最好用具體一點的問題來引導對方說下去。

✦ **情感回應**：以「哇」或是「好悲傷」等感嘆，給予對方情緒上的反應。亦即一邊聽對方說話，一邊表現出自己的情感。

✦ **共鳴回應**：設身處地去感受對方的情緒。與摘要式回應類似，都是全盤接受對方的故事，不去評論當中的是非。不過，摘要式回應只是簡單總結對方的話，而此處的重點在於對情緒發出共鳴。如果能以同理心來回應，對方就會覺得「你理解我的感受，對我說的話有同感」，讓溝通變得更為順暢。「原來如此」，就是給予共鳴最簡單的方式；若想進一步理解對方，也可以選用情緒詞彙來表現，例如「所以你才會生氣」、「難怪你覺得不舒服」，或者更進階地活用讀懂對方內心的技巧。

積極聆聽，讀懂對方的心聲

學會傾聽和反應的基本技巧，接下來就試著提升難度，練習「積極聆聽」的方法吧！人文主義諮商的創始人卡爾・羅傑斯（Carl Rogers）倡導「以人為本」，同時也提出了「積極聆聽」（Active Listening）的概念。就讓我們以此為基礎，逐一探討讀懂對方內心的技巧。

「讀懂對方內心的技巧」不等於讀心術，若對方什麼話都沒

說，我們也不可能光靠眼神察覺一切。就像解讀自己的心一樣，我們只是把相同的技巧應用在他人身上。為此，我們需要集中注意力，跳脫偏見地去傾聽，而不是試圖評價或矯正對方。

首先，**第一階段是「解讀」**。只要將第四章中解讀內心的四道魔法：情境、想法、情感、行動，逐一套用在對方身上即可。「面對這種情況，原來你會有這樣的想法」、「原來你的心情是這樣」、「所以才會做出這樣的行為」，在對方說話的過程中適當地畫下逗點，每到一個段落就簡短地回應。這種方式，是前文中表達「我在聽」的「點頭回應」，和表示「我懂」的「共鳴回應」，兩者進一步發展的型態。

在解讀他人心聲的階段，最需要注意的就是不能加油添醋，應該只針對對方說出的話給予回應。即使對方的話語裡帶有情感、缺少想法，我們也不能因此就在空白處加以填充。如果附加「我認為你……」之類的個人意見，稍有不慎，就會讓人覺得自己正在被分析和評價。

接下來，**第二階段是「概括」**。以上一階段的「解讀」為基礎，為談話內容做出摘要，如此一來，有助於不脫離對話的主題和目的。這種方式，是前述「摘要式回應」進一步發展的型態，透過「用一句話概括就是這樣吧？我的理解對嗎？」等，讓對方知道

自己不是被動地聆聽，而且對談話內容有正確的理解。假如對方的句子愈來愈冗長，或者情緒激動、找不到方向，簡單的摘要與整理，有助於讓對話順利推進。最後，可以試著為談話做出總結，例如「你面臨……的情況，產生……的想法和情緒，所以才出現……的行為吧？」。

第三階段，是「反問和補充」。在這個階段，就不是單純地回應或概括對方的話，而是添加我的想法和情感，或者進一步提出疑問，讓對方自己探索並解決問題。在解讀、概括完對方的談話內容後，不妨用「我的想法是這樣」、「我有這種感覺」，以「我」為主語來表達感受。此外，與其指責對方「你不應該那樣想」、「那樣的情緒是不對的」，或者勸戒對方「你應該這麼做」，不如試著向對方提問：「這個部分，或許可以用不同的方式思考？」、「假如可以做出不同的選擇呢？」、「怎麼解決會比較好？」類似的問題，可以引導對方重新回顧自身的想法、情感與行動，進而找到更好的選擇或解決之道。

◇◇ 聆聽時的注意事項

　　傾聽對方說話並做出反應時，有幾點需要特別注意。首先，只要認真聆聽並給予回應即可，尤其是在談及負面情緒時，除非對方直接請求協助，否則沒必要把他的情緒全部攬在身上。如果產生這種負擔感，很容易覺得「我應該要幫他轉換心情」、「應該改變他的想法和行動」，或者「我應該替他解決目前的情況」。過於草率的評價、指責或矯正，有時會變成將個人意見硬塞給對方，或者急於替當事人解決問題。如此一來，對方很難感受到尊重與共鳴，反而會覺得自己有問題或受到干涉。於是，原本以為自己在提供協助，沒想到卻倍受指責，產生了反效果。

　　第二，傳達的訊息和肢體語言必須一致。例如「點頭回應」為的是傳達「我有在聽」的訊息，但這時如果眼神飄往其他地方，就會變成缺乏真誠、沒有靈魂的反應。為了讓對方感受到我的真心，聲音、表情或行為，也要同時傳達出「我有在聽」的訊息。假如對方好不容易才說出自己的創傷，但我們卻一邊聽一邊笑，這樣的反應，會讓對方覺得自己的故事是「可以一笑置之的瑣事」。

聆聽時，如果身體向某一側傾斜，或者勉強維持著僵硬的姿勢，都會讓人感到尷尬和不自在。因此，對話時應盡量採取穩定、舒適的姿態和表情。另外，手部也不要顯得彆扭或散漫，建議朝對方微微敞開，或者輕輕地握住。最後，身體必須與對方保持適當的距離，建議稍微向發言者靠近，然後頭可以微微地側向一邊。與肢體語言有關的細節，可以參考第二章健康果斷型的行為特徵。

到目前為止，我們探討了健康溝通的基本原理和技巧，接下來從第六章至第九章，將進一步學習能應用在各種危機情境的訣竅。

自我關懷

1. 第五章裡提到的說話和聆聽技巧，每天選一項集中練習吧！不妨和家人或朋友一起構想劇本，以情境劇來練習特定的技巧。

2. 從容易上手的技巧開始，逐步放到實際生活中練習。例如星期一專注在「點頭回應」的反應練習；星期二則集中在「鏡像回應」和「摘要式回應」。

3. 和親近的朋友、家人或戀人一起看電影或電視劇，自由抒發個人的想法和情感，在聊天的過程中練習說話與聆聽的技巧吧！

第六章

◆

輕鬆面對拒絕
的方法

羔羊雖美,眾口難調。

—《明心寶鑑·省心篇》

◇◇ 拒絕對每個人來說都很難

　　每個人都會有勉強答應他人請求，最後卻有苦難言的經驗。剛開始雖然欣然地給予協助，但隨著無理的要求接踵而至，心中的不滿逐漸上升；或者因為很難坦率地拒絕，只好編造一堆藉口來脫身。

　　被動軟柿子型的人雖然內心想婉拒，表面上卻無法斷然拒絕，總是被牽著鼻子走，或者擔起他人應負的責任，導致憤怒和怨恨不斷累積。反之，對推土機攻擊型的人來說，拒絕並不困難，但問題是他們的拒絕不帶有任何體貼與尊重。就像是明明可以輕拋出去的球，他們卻用時速一百五十公里的速度丟出去。這種攻擊型的拒絕方式，很容易傷害到對方，引起不滿與憤恨。總的來說，被動軟柿子型和推土機攻擊型的拒絕都是不健康的，會讓自己或被拒絕的人感到難受。而「拒絕」這件事，究竟為什麼如此困難呢？

　　拒絕之所以讓人感到困難，理由其實和第一章「為什麼我總是被牽著鼻子走」一脈相承。首先，因為我們不知道如何用健康的

方式表達拒絕；其次，各種擔憂對我們形成了束縛，阻礙拒絕的道路；第三，我們對拒絕的方式尚未熟練，總是按照過去的習慣反應。接下來，就讓我們檢視一下可能造成影響的心理圈套，再具體地探討不傷害彼此的拒絕技巧吧！

▌阻礙健康拒絕的心理圈套

每當我們拒絕他人的請求，或者遭到拒絕時，過程中難免會受到傷害。隨著類似的經驗不斷累積，我們開始對拒絕產生負面觀感，並且為了迴避痛苦經驗而發展出「應該這樣做」的法則。這種死板的信念和法則，平時一直潛藏在心底，但只要遇到危機情境，就會對我們的思維造成影響。究竟是什麼樣的心理圈套，阻礙了健康的拒絕呢？讓我們透過下面的清單，檢查看看自己的心底隱藏著什麼樣的圈套。

☐ 拒絕不僅是一種無禮的行為，也是對他人的攻擊。
☐ 拒絕是冷漠且自私的舉動。
☐ 拒絕會讓對方感到失望且傷感情。
☐ 拒絕意味著排斥或討厭。
☐ 拒絕是一種傷人的行為。
☐ 我不應該拒絕他人的請求。
☐ 我不應該被別人拒絕。

□ 請求協助代表我能力不足，或者會暴露出我的缺點。

□ 如果向他人求助，會造成對方的負擔，這麼做是不對的。

□ 去拜託別人只會被拒絕。

□ 我必須對他人的負面情緒負責。如果對方因為我的拒絕而受傷，那就是我的錯。

□ 比起自己，應該優先考慮並配合他人，否則就是自私的表現。

□ 如果我表示拒絕，就會受到指責或攻擊，也很可能會被討厭，甚至關係破裂。

□ 我沒有信心拒絕他人，或者承擔起相應的後果。

上述這些想法，就是拒絕他人時典型的心理圈套。有些人只是「偶爾」、「有時」、「根據情況」暫時被綁住手腳，但若將「無條件」、「幾乎」、「總是」等修飾語，放進清單上的項目裡，然後符合三項以上的話，就可以算是難以健康果斷地拒絕他人。

例如認定「（在任何情況下）拒絕都是自私的行為，而且是排斥、厭惡對方的表現」，那麼不論是拒絕或被拒絕，都會變得困難無比。這種相當於心靈支柱的信念，不會顧及到特殊情況，而是伴隨著「無條件」、「總是」、「經常」等修飾語，成為支撐生活的基本論調。接著，信念會演變成僵硬又死板的處世法則，也就是「我（一定）不能拒絕他人，也不能被拒絕」。或許我們會覺得違反處世法則也無所謂，但是，只要想到拒絕有可能導致自己被

尖銳地批評，成為無能的家長或自私的女兒，甚至被眾人厭惡和拋棄，恐懼就無可避免地持續升高。

那麼，為了擺脫消極想法所導致的負面情況，避免掉入心靈之根的陷阱，具體應該怎麼做呢？

為了健康的拒絕而改變

如果想健康、果斷地面對拒絕這項課題，首先要理解自己為什麼覺得拒絕很困難。請試著回想一下，最近有哪些想拒絕卻又拒絕不了的事，或者因無法拒絕他人，而在心中留下負面情緒的經歷。利用第四章提及的心靈日記，將當時的感受分為情境、想法、情感與行動，透過四道魔法咒語分別進行解讀。

第二階段，請試著透過前文的檢核清單，思考一下拒絕對自己意味著什麼，以及我認為自己一定要怎麼做，也就是所謂的信念與處世法則。接著，請想像一下拒絕會帶來什麼樣的負面結果，觀察看看擔憂和恐懼的真實面貌。

第三階段，是將拒絕的方法實踐在生活裡，打破自己堅定不移的信念與處世法則。

接下來，就讓我們一起學習改變想法與行為的訣竅吧！

◇◇ 看待拒絕的新視角

初次來到諮商室的尚勳，在日常生活裡承擔了許多角色，被龐大的責任感所壓倒。他是兩個孩子的爸爸、同時也是丈夫、長子和工作多年的上班族。在每個角色中，都有相應的期待與責任，尚勳雖然在自己的位置上竭盡全力，內心卻感到十分疲憊。

為了扮演好理想的長男角色，尚勳很難拒絕父母或弟弟的過分要求。除了要負擔父母的生活費，還必須照料家裡的婚喪喜慶。此外，尚勳為了努力讓自己成為完美的丈夫和爸爸，花了大量的時間加班，只求能在公司持續晉升。但是，每天忙於工作的他，幾乎沒有空閒和家人們一起享受夜晚時光。每逢週末，尚勳即使累得只想休息，也會打起精神陪伴孩子，努力扮演好爸爸的角色。不過，在和家人相處時，他總是不知該說什麼才好，彷彿只有自己一個人被排擠在外。對於妻子透露出的不滿，尚勳感到十分委屈，但他覺得全是自己的錯，所以長期以來都選擇隱忍。沉默不語的尚勳，似乎沒有人察覺到他心中的淒涼。

因慢性焦慮而來到諮商室的阿曼達，既是所謂的「超人媽媽」，

又是犧牲的象徵。為了兼顧工作和育兒，阿曼達在生活裡不停地掙扎。若是把育兒工作交給丈夫，或是把公司業務託給同事，她就會感到非常鬱悶，最後還是選擇由自己消化掉。阿曼達像「神力女超人」一樣，把所有事都攬在身上，但愈是這樣，人們就交給她愈多工作。面對「超人媽媽」這個不可能長久維持的頭銜，阿曼達總是勉強自己去達成，但諷刺的是，這樣的稱讚只讓她感到心酸。

不懂得分工合作、持續提高對方期待值的「犧牲行為」，也出現在阿曼達的夫妻關係裡。雖然她經常抱怨只要自己沒有準備或下達指令，丈夫就什麼事也做不好，可是在內心裡，她卻安慰自己「丈夫沒有我不行」。這樣的行為，最終助長了丈夫對育兒和家務的旁觀與依賴。

阿曼達在教養方面也是如此。內心的焦急與不捨，讓她難以拒絕子女過分的要求，而且經常想代替孩子解決問題。父母象徵著犧牲，總是相信孩子的心如玻璃般易碎。因此，在拒絕孩子的要求時，父母會擔心他們受到創傷，或是彼此的關係日漸惡化。如果父母無法忍受孩子經歷挫折與失望，經常為此焦慮，就很容易以愛為名，表現出過度的擔憂與干涉。

父母總覺得自己的犧牲，就是為了替孩子把路鋪好，但這麼做

的結果，相當於不承認子女的獨立性，剝奪他們親手解決問題的機會。到頭來，家人彼此為對方犧牲，卻因為付出得太多、期待太高，最終忍不住感到失望。於是，愧疚與怨恨的情緒，就在最親近的距離裡不斷堆疊。

尚勳和阿曼達難以拒絕他人的模樣，其實和我們非常相似。那麼，該怎麼看待「拒絕」，才能好好地守護人際關係呢？假如我們繼續帶著消極和懼怕的態度，問題就不會有解決的一天。改變既有的視角，不僅能幫助自己勇敢說不，也能在被拒絕時，安撫自己受傷的情緒。

我們都有拒絕的權利

拒絕某人的請求，只是對事不對人，並不代表就此否定對方。此外，拒絕本身並非無禮的行為，而是錯誤的態度才導致無禮。假如我有拒絕的權利，那麼對方也一樣。不喜歡就說不喜歡，做不到就說做不到，如此一來，下次對方拒絕我時，也能表達得更加坦率。長此以往，雙方的請求和拒絕都會變得簡單，當拒絕不再是難事，關係才會自在和舒坦。

當我能好好照顧自己，才有能力照顧他人

英國公立醫院訂有發生火災時的遵循指南，不管醫生和護理師有多重視患者的生命，面對緊急情況時，都必須把自己的安全放在第一位。唯有如此，醫護人員才有餘力去救助更多的患者，而同樣的原則也適用在消防員身上。試想一下，在飛機裡遇到緊急情況時該怎麼做？起飛前通常都會以影片宣導，當氧氣濃度下降時，父母必須先把自己的氧氣面罩戴好，再協助年幼的孩子。這種行為是自私嗎？如果先替孩子戴氧氣面罩，但氧氣濃度突然下降，大人暈倒的話，要由誰來照顧孩子呢？我們唯有先顧好自己，才有能力顧及他人，這並非自私的行為，而是盡到各自的責任。因此，為了守好本分，拒絕也是在所難免。

善於拒絕，關係才能長久

難以拒絕他人的類型，最常糾結的點就是「拒絕會帶來創傷」。當然，拒絕有可能讓對方受創，但情感終究是個人的選擇和責任，我們不可能事先預測或控制。

此外，另一個讓拒絕變得困難的理由，就是擔心對方可能會在受傷的情況下反擊，或者導致兩人的關係漸行漸遠。然而，關

係本來就具有浮動的特性，有時親近、有時疏遠。假如拒絕的目的是為了互相守護，但對方卻因此與我斷絕往來，這樣的人遲早都會離開。因為害怕造成傷害，或者擔憂失去一段關係而不敢拒絕，反倒會讓自己疲憊又難受，最後主動推開對方。拒絕他人，內心或許會暫時感到不自在，但有助於維持長期的健康關係。

▎透過拒絕，放下過度的責任感

如果因為不懂得拒絕，承擔了過多責任，最後不堪負荷而在中途放棄，那麼對方會更加反感。原本的「肩扛重任」，反倒變成了「有始無終」。因此，就算眼下會感到尷尬，也要在合理的範圍內拒絕，調整對方的期待值。這種做法，才是真正對雙方的體貼與負責。

承認自己能力有限並不等於失敗，假如肩上的擔子過重，不妨坦率地把自己的感受告訴對方，然後把責任卸下來。

透過尚勳的案例可以發現，他用過於僵化的方式，擴大解釋了自己的角色和責任。我們不可能同時完成所有事，若選擇了一個，就只能放棄另一個。貪心地想把所有事都做好，最終只會什麼事都半途而廢。因此，為了做出選擇並專注其中，拒絕是必要的決斷。

我們不可能獲得所有人的喜愛與認可，試圖滿足所有期待的處世法則，可說是不切實際的信念。假如強迫自己必須達成所有人的願望，連帶產生的費用與副作用亦不容小覷。此外，就算滿足了每個人的渴望，也不一定能獲得想像中的關愛與肯定。如同阿曼達的案例一樣，最後很可能導致反效果——身邊的人總是進一步提高期待值。

拒絕可以調節期待值

一百次都做得很好，但只要有一次做不好，就會受到指責；相反的，一百次都做不好，但只要有一次做得好，就會受到稱讚。之所以如此，原因就在於基本的期待值不同。前者的期待值極高，後者則是極低的狀態。俗話說「給人方便卻被當成隨便」，假如不懂得拒絕，只是一味地配合，人們的期待值就會愈來愈高。最後，可能會變成所有事都要我一力承擔，身邊的人則愈來愈依賴。「到此為止」的界線，是建立健康溝通的基礎，唯有互相清楚對方的底線，才能正確地予以遵守。

雖然我們都認為關係愈親近愈好，但諷刺的是，關係本來就代表著兩人之間存有距離。無論是朋友或戀人，都必須維持適當的間隔。從阿曼達的案例可以得知，在家庭關係裡，為了保持健康

的互動，必須透過拒絕來劃下合理的界線。所謂的拒絕，就是即使會引發鬱悶和不滿，也要維持適當的距離，把各自的責任交還出去。

那麼，在期待值極高的狀態下突然拒絕，假如對方感到失望或憤怒怎麼辦？如同改變自我需要時間，對方也需要時間，重新調整對我的期待值。這些都是必經的過程，就像成長痛一樣，最終都會過去。

◇◇ 拒絕的技巧，就從今天開始練習

　　該怎麼做，才能溫柔又堅定地表示拒絕，守護彼此的關係呢？從簡潔明確的「開門見山法」，到強而有力的「最終警告」，接下來，就讓我們逐一探討可根據情境、對象活用的八種拒絕技巧。

▌1.直截了當的拒絕

　　用「我不想做」、「我不要」、「不行」之類的字眼，明確地給予拒絕。開門見山的拒絕法，最重要的在於內容簡潔扼要，不要附加任何的道歉語。我們很容易「習慣性道歉」，以保護自己免受可能的攻擊，像是採取先發制人的防禦，來應對「為什麼連這個都無法答應？太自私了！」的指責。不過，在此我們應該果斷地省略「對不起」或「不好意思」等習慣性道歉。

　　直截了當的拒絕雖然簡單，但多少會讓人覺得過於強烈。然而，面對隨時想越界的推土機攻擊型，或者打算強行推銷、傳教的人時，開門見山的拒絕會十分有效。

2.共鳴式拒絕

讀懂對方的心意然後加以拒絕，例如「原來如此，但是～」，同時表達出溫暖的共鳴與明確的回絕。舉例來說，第一次參加聯誼的朋友很緊張，所以拜託我一起加入，這時就可以告訴對方：「第一次參加聯誼，肯定又緊張又尷尬吧？我可以理解你的感受，但我不太想去。」先對朋友的心情表達共鳴，接著果斷地拒絕。不過，使用這個方法時，切記不能超過共鳴的界線，隨意猜測對方的想法，或者草率地提出解決方案。

3.說明理由的拒絕

「因為～所以我沒辦法～」，簡單明瞭地說出不得不拒絕的理由。如前所述，別習慣性道歉，或者長篇大論地找理由辯解，而是要在不得已的情況下，用真誠的態度進行表達，例如「我明天有作業要交，時間很緊迫，今晚沒辦法一起用餐了」。

4.反問式拒絕

不直接提出解決問題的對策，而是把球丟還給對方，例如「怎麼做比較好呢」，以開放式的問題進行提問，同時表達出拒絕之

意。「怎麼辦？」、「該怎麼做比較好？」這種反問的方式，雖然是在當下立刻拒絕對方，但仍為日後留下了轉圜的餘地。假如兒子因為玩具摔壞而吵著買新的，阿曼達可以這樣安慰他：「玩具摔壞了，你應該很難過吧？我也想馬上買新的給你，但現在時間太晚了，沒辦法出門，怎麼辦？里歐你覺得怎麼做比較好？」

▎5.提出替代方案的拒絕

與反問式拒絕不同，直接提出解決問題的對策，像是「這個如何？」、「不行的話，那這個怎麼樣？」為對方提供選項。在我們能夠接受的範圍內，縮小對方的選擇幅度，或者在對方想不出解決方法時，提供足以做為應對的選項。比起「那就這麼做吧」直接指定答案，提出幾個對策並徵求對方的意見，可以讓人有被尊重的感覺。

提出替代方案的拒絕方式，也可以和共鳴式拒絕或說明理由的拒絕合併使用。讓我們來看看阿曼達和兒子的對話：

「玩具摔壞了，你應該很難過吧？媽媽理解你想立刻出門買玩具的心情（共鳴式拒絕），但現在時間很晚了，店家都關門了，就算出去也買不到（說明理由的拒絕）。你今天先好好睡覺，明天早上起床後，媽媽就和你一起去玩具店好不好？還是現在用網路幫

你訂？（提出替代方案的拒絕）」

▎6. 推遲決定

當對方提出某種方案或請求時，若缺乏詳細的資訊，我們很難做出最佳選擇。假如需要時間進一步了解，可以先把決定延後，像是「我考慮一下再跟你說」、「我再跟你聯繫」，拒絕對方「現在馬上就要給出明確答案」的渴望與要求。推遲做決定的時間，不是因尷尬而刻意拖延或逃避，所以在整理好思緒後，就要開始與對方溝通。訂出確切的期限，像是「下週一前給你答覆」，會對情況有所幫助。

▎7. 英國客服式拒絕

英國處理事務的速度並不快，每當遇到問題，打電話給客服單位時，經常會聽到如下的答覆：「出現這樣的問題真的非常遺憾。公司正在盡最大的努力讓顧客滿意，也會積極地解決問題。」對於已苦等了三十分鐘、怒氣衝天的顧客，他們依然給予相同的回應。

「一直說盡最大的努力，但問題都沒有解決，只是讓我一等再等！我已經打了第三通電話了！」

「出現這樣的問題真的非常遺憾，為了滿足顧客的期待，公司正竭盡全力試圖解決問題……」

英國客服式拒絕法，就是不反駁、辯解或提出解決方案，只是一直重複相同的說辭。這種不易讓人抓住把柄的說話方式，在面對攻擊、威脅、耍賴或不斷挑起紛爭的人時，效果非常顯著。若想守住自己的重心不被影響，可以按照事先準備好的「台詞」冷靜應對。接下來，就讓我們看看英國客服式拒絕法的例子：

顧客：這個化妝品我要退貨。

店員：商品已經購買超過一個月，而且使用過了，按照公司規定，我們無法為您辦理退貨。

顧客：用這種方式回應顧客，真的是一點素質也沒有。你叫什麼名字？

店員：按照公司規定，我們無法為您辦理退貨。

顧客：為什麼你不解決我的問題，只是一直重複相同的話？叫你們經理出來！

店員：按照公司規定，我們無法為您辦理退貨。如果您願意，我會為您轉達給經理，並協助您聯繫客服單位解決問題（提出替

代方案的拒絕）。

▎8.警告式拒絕

如果對方咄咄逼人，超過了底線怎麼辦？面對這種情況，不妨將「英國客服式拒絕」升級為「警告式拒絕」，例如：「再這樣下去，我也只好⋯⋯」警告式拒絕是在反覆表達婉拒後，對方仍然不停發動攻擊，或者完全不採納意見時，最後一道強而有力的應對手段。

顧客：你為什麼不解決我的問題，一直重複同樣的話呢？反正在辦完退貨之前，我是不會離開的。

店員：按照公司規定，我們無法為您辦理退貨。您再這樣下去，我們也只能請保全來處理了。

使用警告式拒絕時，有幾點必須特別留意：第一，根據表達方式的不同，有可能被視為威脅或處罰等攻擊性行為，因此，建議參考第二章的內容，在說話時注意表情、動作、聲音等「態度」。與對方溝通時，聲音盡量不要有過於激烈的起伏，應該保持冷靜，語速也不要突然變快。此外，以「我也不想這麼做」、「我也沒辦法」等，表達自己立場上的無奈，也是一種不錯的方式。

第二，警告式拒絕是最後的強烈手段，盡量不要頻繁地使用。假如出現濫用的情形，警告也會失去效力。

　　第三，當對方持續施壓時，應該明確地說明可能產生的負面結果，不刻意浮誇或造假，給予實質性的牽制或有效的警告。不切實際的說辭，只會成為空泛的威脅，導致傳達的訊息失去力量。例如父母對孩子說「如果不好好吃飯，以後我就不煮給你吃了」、「不好好寫作業的話，以後就別去上學了，課本也全部丟掉好了」，這些都是不可能遵守的假威脅。如此一來，只會使父母的訓導失去權威和效果。反之，如果告訴孩子「三十分鐘內不把飯吃完的話，今晚就沒有甜點」、「不寫作業的話，今天就不能看電視」，對具有立即性與現實性的結果做出警告，然後遵守自己立下的規定，就能讓孩子為自身的行為和結果負責。

自我關懷

1. 如果平時難以拒絕他人，不妨利用P.165-166的清單，檢視一下自己受困於哪些想法和心理陷阱。接著，請繼續思考看看，如果要以健康的方式表達婉拒之意，應該以怎樣的角度看待「拒絕」呢？

2. 請試著在日常生活裡，以溫暖又果斷的拒絕法守護彼此吧！先從簡單的步驟開始，再慢慢活用進階技巧，透過練習來累積自信。

❶ 第一階段：編列拒絕清單

在什麼樣的情境下，較容易開口對他人說「不」呢？請透過第一章自我關懷裡的「危機狀況檢核表」，找出自己最想練習的十個拒絕情境，並按照難易度進行排序。

1. _____
2. _____
3. _____
4. _____
5. _____
6. _____
7. _____
8. _____

<u>9.</u>

<u>10.</u>

❷ 第二階段：跨出第一步＆反覆練習

如果難以表達拒絕，而經常被牽著鼻子走，那麼就從最簡單的情境開始練習吧！請在自己挑出的十個拒絕情境裡，按照簡易到困難的順序反覆練習，直到熟練為止。此外，也可以根據情境的不同，從前文提到的八個健康拒絕法中，選一項最有效的方法集中練習。

凡事起頭難，而拒絕更是如此。初次練習時，可能會因不安與擔憂而產生放棄的念頭，這時，與其陷入恐懼的漩渦，不如透過心靈日記來確認情緒的真實面。

「不要還沒開始就放棄」、「應該克服恐懼、相信自我，努力不懈地練習」，這類的話說起來容易，實踐起來卻很困難，因為勇氣和耐心也有所謂的技巧，我們將會在第十章進一步探討。

第七章

面對失望與挫折，
也要勇敢地挺立

生活不是在等待暴風雨過去，
而是要學會在雨中跳舞。

—薇薇安・格林（Vivian Greene）

◇◇ 人生不可能一路順遂

　　無論如何期盼，人生都免不了遭遇荊棘叢生的道路。不如意的境況總是突然降臨，我們難以預測自己在何時何地會面臨困境，也不可能把眼前遍地的荊棘化為康莊大道。尚未實現的未來以及看不見的人心，是生活中最不確定的部分，而這種不確定性，會把我們引向意料之外的險途，也會讓我們時刻充滿驚懼。尤其在讀不透人心時，很容易受到影響而迷失自我，導致關係變得困難。最終，在四處碰壁的情況下，我們落得遍體鱗傷，甚至對人際關係陷入恐懼。

　　當信任的朋友或戀人單方面違背承諾時，我們會有遭受背叛的感覺；為了親近的同事著想，竭盡全力地幫助對方，但最後別說是感謝，反而被視為理所當然，甚至要求愈來愈多。不同性格的人聚在一起，原本期待所有事都能按照計畫順利進行，但除了內部矛盾之外，事故或疾病等難以預測的變數，也會導致情況突然出錯，或者最後眾人各持己見。

　　假如人生不可能一帆風順，那我們的希望究竟在哪裡呢？答案

或許就是內在力量——即使被不如意或不安定的生活絆倒，也能再次勇敢地挺立，不輕言放棄。學會如何應對挫折，鍛鍊自己的心理韌性（Resilience），內在力量也會跟著日漸成長。

為了培養內在力量，我們將在第七章學習遭遇困境時，如何克服心中的失望與挫折。當我們懂得利用這些方法來應對試煉，就能培養出重新振作的心理韌性。走在荊棘之路上，這種蛻變的內在力量，會在內心深處開出一朵花，為自己帶來關懷與希望。

別讓失望淪為挫敗與絕望

人生在世，有人從來都沒有失望或傷心過嗎？假如真有這樣的人，很可能是運氣出奇地好，或者是大腦的某個部位沒有正常運作。所謂「失望」，指的是現實與內心的預期不同，也就是「認為」自己遭遇了負面「情境」時所感受到的「情緒」。當獲得的成果與付出的努力不成正比、被某個人狠狠拒絕，或者有人沒遵守自己的承諾與責任時，我們內心的信任就會瓦解，而此時湧現的情緒正是「失望」。若失望的情感層層堆疊，就會逐漸變成挫敗與絕望。

當我們感到失望時，為了釐清確切的原因，首先會追究「破壞期待的人是誰」，然後開始責怪自己或他人。被動軟柿子型的人，

有可能會自我責難，然後不停地貶低自己；也可能在向他人追究責任的同時，索性放棄這段關係；或者一邊埋怨這個世界，一邊陷入自怨自艾的循環裡，甚至以被害者的身分自居。

即便是面對微不足道的失敗，失望也會擴大成絕望，所以有時乾脆從一開始就不停迴避。即便只是被一根細小的荊棘刺傷，也會害怕自己不曉得何時又陷入險境，全身變得異常敏銳和戒備；當抵達十字路口時，甚至會難以決定要往哪個方向走。因為害怕失敗，所以乾脆放棄挑戰；建立人際關係時，也完全不抱有任何期待。只要沒有期待，將來就不會感到失望。

相反的，推土機攻擊型的人面對失望的情緒時，會對他人展開攻擊，試圖施以懲罰與控制。辜負期待的人，是既定規則的「違反者」，也是引發不適情緒的「情感加害者」。對於推土機攻擊型的人來說，失望是一種相當棘手的情緒，所以他們認為自己應該以牙還牙，並且將攻擊的行為合理化——無論怎麼報復，對方都不可能比自己還痛苦。

當生活諸事不順，自我效能感低落時，我們就會以被動或攻擊性的態度去處理失望的情緒。然而，為了正確理解失望的本質，以健康的態度緩解情緒，在追究「破壞期待的人是誰」之前，我們有必要先問問自己：那樣的期待到底從何而來？

◇◇ 失望時的應對之策

「所謂的『朋友』，就是無論何時都能完全懂我。」

來到諮商室的艾瑪，對朋友做出了如此定義。只要談到朋友，她總是再三強調「無論何時」、「完全」等條件，且心中的信念，現在已逐漸變成「朋友就應該這樣」。艾瑪為朋友訂出了規則，然後期待他們確實地遵守。

「只要是朋友，就必須無條件懂我，我對他們也是一樣。」然而，當這種信念過於僵化，對朋友這個角色的期望就會變得難以實現，或者根本不可能持續——於是，失望的種子就在心底悄悄生根。

▍容易失望和受傷的心理陷阱

艾瑪最近對相處二十年的好友麗貝卡非常失望，麗貝卡正在休育嬰假，但最近愈來愈少和她聯繫。艾瑪覺得對方就算讀了訊息，也經常隔幾天後才回覆，約她見面時，麗貝卡也總說沒有時

間。不過，在麗貝卡的Instagram上，有很多和同齡媽媽們的合照，自己好不容易和她見上一面，對方卻只關心育兒。過去能夠分享心事的好友，現在總是推著嬰兒車出現，而且談論的話題全是睡眠教育和母乳餵養，讓艾瑪十分陌生。

「我居然連這些也無法體諒，這樣還算是真正的朋友嗎？做為朋友，應該要無條件理解對方才是。」

無法對朋友的新領域產生共鳴，艾瑪首先對自己倍感失望。自我攻擊的想法和情緒非常劇烈，同時也對麗貝卡的改變感到不滿與遺憾，但她努力壓抑自己的情緒。艾瑪總是主動聯繫朋友，見面時為了配合麗貝卡的媽媽身分，也盡量在時間和場所上退讓。不過，這樣的忍耐很快就到達極限，委屈的心情不斷高漲。

兩人的友情處於岌岌可危的狀態。某天，艾瑪向麗貝卡抱怨自己的男友，最終卻爆發了爭執。

「你們要為了這些瑣事分分合合到什麼時候啊？你現在也有年紀了，好好地認真交往吧！」

麗貝卡覺得自己的話是建議，但艾瑪聽起來卻像是批評。至今為止，她相信自己一直在忍耐與體諒，所以聽到這種攻擊性的話，忍不住火冒三丈。艾瑪佯裝鎮定，然後開啟了自我防禦，刺

激因經歷中斷而感到不安的麗貝卡。

「我還想把心力集中在自己的職涯上，最近才剛跳槽到更大的公司工作，不想被戀愛和結婚絆住腳。」

這時，麗貝卡的孩子突然嚎啕大哭，她趕緊抱著孩子跑向洗手間。瞬間難以遏制的怒火，讓艾瑪衝動地觸碰了朋友的逆鱗，但她自己心裡也不好受。艾瑪擔心麗貝卡會不會真的被自己的話所傷，也害怕就此失去善解人意的好友。與孩子突如其來的哭鬧無關，艾瑪覺得兩人的對話，似乎變成了兩條平行線。

「我做錯了什麼嗎？明明一直以來都是我更加忍讓與體諒……算了，這種友誼我也不稀罕！」寂寞的夜晚，艾瑪獨飲著雞尾酒，失望、失落、憤怒與怨恨的情緒交雜，心靈之根緊緊束縛著她，「朋友也沒什麼意義，反正最後我都是一個人……」

艾瑪究竟被什麼樣的心理圈套困住了呢？讓我們透過下面的清單，確認一下容易失望和受傷的心理圈套有哪些吧。

☐ （對於親近的對象）即使不一一明說，對方也應該要懂我並照顧我。
☐ 失望是一種負面的情緒。
☐ 我絕對不能感到失望，失望代表我既敏感又懦弱。

☐ 不能把失望的情緒表現出來，因為這是傷害他人的行為，或者會暴露出我的弱點。

☐ 失望是難以戰勝的傷痛，我（我的孩子／人們）無法忍受這樣的情緒。

☐ 如果不想感到失望，最好完全放棄期待，或者堅持己見。

☐ 必須滿足所有人的期待，否則就是不負責任或能力不足。

☐ 讓我失望的人就是＿＿＿＿＿＿的人（例如「不負責任」）；讓我失望的世界就是＿＿＿＿＿＿的世界（例如「不公平」）。

☐ 我的標準或原則具有普遍性，人們必須遵從我的規定和期望；若有人試圖打破，就是一種攻擊或威脅。

☐ 事情應該要符合我的期待，不確定的世界和人心非常危險。

☐ 關係是付出多少，就會得到多少回報。

☐ 我的（你的）角色是＿＿＿＿＿＿（戀人／朋友／女兒／兒子／媳婦／女婿／父母／妻子／丈夫／一家之主／同事等），必須總是＿＿＿＿＿＿。

艾瑪對於朋友的角色和責任，抱有過分僵化的期待。如今兩人的情況與二十年前完全不同，但她仍然懷著相同的希冀，所以對現況感到失望。

那麼，在家庭關係上呢？「我是怎麼（犧牲自己）把你養大的，你不能讓我失望」、「家人之間，這種程度應該做得到吧？」，這

些話的基礎，都是期待對方遵循自己的規則，也就是「因為我們關係親近，或者我做出了犧牲，所以你理當有所回報」。然而，這些期望究竟從何而來？追根究柢，其實只是我們單方面的期待，而不是彼此共同的希冀。愛和期待都有可能改變，如果不想一個人反覆地失望，就要在情況發生變化時回顧彼此的關係，重新設定期待值。唯有如此，「我」的期待，才會變成「我們」的期待。

▎從另一個角度看待「失望」

當生活不如意時，為了讓心靈綻放出美麗的花朵，不至於因失望而崩潰，我們需要用均衡的視角來看待現實。我也曾因不公平的情況感到失望與挫折，事情發生在我為了取得資格證，考取認知行為心理治療師碩士的時期。當時我計畫在工作的同時兼顧學業，不料卻遭到上司嚴重反對，認為我會影響到工作。然而，和我職階相同、同一時期報考同一研究所課程的同事，卻得到非常多優待。為了配合上課時間，主管不僅允許他縮短工作時數，協助簽約臨床實習的地點，還申請到學費補助金等。這一切，全都和我的情況形成鮮明的對比，同事的未來看起來一片光明。對公平世界的期待破滅，看著他人凡事都能迎刃而解，內心自然會被憤怒與絕望淹沒。

雖然很想向人事部抗議並爭取到底，但仔細思考，還是覺得不應該放棄溝通這條路。因此，我沒有因為不公平的待遇發起抗爭，而是盡量說服直屬上司和高層主管。最後，我答應以加班的形式，彌補上課時間造成的業務空缺，雖然無法獲得實習支援與補助金，但最後總算取得了公司同意。

當時最大的難題，就是尋找實習地點與指導者，因為沒有人願意接受毫無經驗的學生，甚至還要免費提供教學。即使向五十多個地方提出申請，也還是接連遭到拒絕。幸好在鍥而不捨的聯絡與說服下，終於找到臨床實習的場所與指導者，並且順利完成了學業。

在此提到我的經驗，並非鼓勵大家面對不公平時，要無條件忍受失望與挫折。有時人難免走投無路，必須透過抗爭來維護自身的基本權益。但是，除了這種極端的情況外，與其持續被憤怒的情緒消磨，不如思考一下對自己而言，什麼才是最重要的價值。專注於當下能做的事，才是對自己最好的選擇，這是我在該事件中最深的體悟。眼前的失望與挫折，不代表人生的崩毀或失敗。

另外，就算有人此刻正走在康莊大道上，他的人生也終究與我不同，不必因此互相比較。我無法得知同事為了完成目標，一路上付出過多少努力，也不清楚在那背後藏有多少血淚。仔細回

想，當時他的工作經歷比我豐富，對公司的貢獻度也應該比我高，而且我的直屬上司沒有最終決定權，必須層層上報。同事的職階雖然與我相同，但從部門的結構來看，擁有最終決定權的總負責人，正好是他的直屬上司，親眼見證過他的工作實力，所以才能給予相應的優待。若放大從整體脈絡來看，就會發現某些不公平的情況，其實也能被理解和接納。

那麼，該如何看待失望的情緒，才會對我們有幫助呢？

+ 如果因為被拒絕而感到失望，那麼請記住：對方本來就有權利拒絕，而我們也有表達失望的權利。
+ 失望不是一種負面情緒，而是來自心靈的信號，提醒我們反思自己的期待是否過高或僵化。此外，即使期待值適當，也要重新審視背景等條件是否相應。
+ 失望的情緒不是問題，問題在於處理失望的方式。
+ 若未能滿足期待，就是透過嘗試錯誤來累積經驗的大好機會。
+ 即使當下無法取得預期的成果，人生也不會全盤崩毀。面對走不通的路，只要換個方向就好。
+ 遭遇了拒絕或挫敗，失望的我們依然有選擇的餘地。在《活出意義來》（*Man's Search for Meaning*）這本書裡，提到被關在奧斯維辛集中營、只能等待死亡降臨時，仍然有人會每天替自己刮鬍子。明明隨時都可能死去，為什麼還要刮鬍子呢？在什麼

事都做不了，既無力又絕望的狀態下，他透過自我打理的日常儀式，積極地選擇並守護為人的尊嚴。這個故事告訴我們：無論何時何地，都可以創造出另一種選擇來決定自己的人生。

✦ 即使有人此刻正走在康莊大道上，他的人生也終究與我不同。我想走的路，任誰也無法替代。

✦ 別去計較事情「由誰造成」，應該專注於「如何解決問題」。思考一下自己現在能做什麼，以及哪些價值對我來說最重要。

✦ 人生不可能永遠如己所願，有時會朝著不利的方向發展。很多時候，我們連自己的想法都無法掌握，更遑論想控制他人或世界。這樣的行為，只會讓自己感到不安與挫敗。

✦ 我的期待不等於他人的期待。獨自抱有過分的期待，無異於助長失望的情緒。為了讓「我」的期待變成「我們」的期待，健康的溝通不可或缺。

✦ 沒有一段關係是永恆的，當外在情況不斷改變，關係和角色也會隨之發生變化。因此，我們須隨時靈活調整對彼此的期待。

✦ 就像我無法滿足他人的所有期待，對方同樣也無法達到我的所有標準。類似的期盼不僅不切實際，反而讓彼此更加為難。

✦ 人類不會讀心術，即使關係再親密，也不可能光靠眼神就理解彼此的想法。有期待就表現出來，有失望就傳達給對方，不要一味地依賴猜測。

✦ 人們會以各自的方式為關係定義，並懷有不同的期待。我的標準不可能具有普遍性，人與人之間終究需要溝通。

不被失望影響的方法

「你們要為了這些瑣事分分合合到什麼時候啊？你現在也有年紀了，好好地認真交往吧！」雖然這段期間累積了許多失望的情緒，但麗貝卡的這番話，徹底觸動了艾瑪的情感開關。帶著苦澀的心情回到家，這件事一直在艾瑪的腦海裡盤旋。

「見到久違的朋友，我以為彼此都會很開心，沒想到情況已經和過去不一樣了。一直覺得我們的友情不會變，沒想到麗貝卡會這樣……和新認識的媽媽友們相處融洽，然後沒空見我這個二十年的老友，我到底做錯了什麼？是因為我凡事配合，看起來好欺負？還是覺得我一事無成，看不起我了？對麗貝卡來說，我現在已經不算朋友，也不重要了嗎？我一直都很體貼和退讓，麗貝卡實在太自私了！難道是嫉妒我的職涯發展得比較好嗎？」

隨著想法的流動，艾瑪對友情的信任已開始動搖。對朋友的定義瓦解後，她將錯歸咎在自己身上，為此痛苦不已，同時也對違反原則、令人失望的朋友心生怨恨。

「二十年的友誼也不過如此！為了避免受到更重的創傷，我要和她斷絕往來！」最終，艾瑪在心底默默地立下誓言。不過，除了絕交這條路外，難道就沒有其他方式向朋友表達失望，並透過對話來調整彼此的期待嗎？如果不想失去這段關係，該怎麼表達比較好呢？

表達失望情緒的第一步，就是以第四章的心靈日記為基礎，先讀懂自我折磨的想法與情感。仔細審視內心，不僅能觀察到讓自己失望的情境，還可以發現心中痛苦和難受的情緒，究竟來自於什麼樣的情境解讀。很多時候，我們所經歷的痛苦，遠比情境本身造成的痛苦還要劇烈。

第二步，就是以「我」為主語，把自己整理好的思緒表達出來，告訴對方自己想要什麼。在這個階段，我們很容易覺得「為什麼每件事都要一一說明？對方不會察言觀色嗎？」切記，認定對方無條件懂我，只是我們單方面的錯覺，實際上對方很可能什麼都不清楚。此外，如果擔心自己的要求或情感被拒絕，就習慣把真正的想法壓在心底，久而久之，將引發更嚴重的副作用。

在表達自己的心聲時，若想把焦點放在情感上，可以用簡潔的句子來概括情感和要求，像是「我很失望，請你……」，或是把結果、情感和要求一併納入，像是「出現這樣的情形我很失望，請

你……」（參考第五章）。舉例如下：

「連你也這麼說，真的讓我很難受，希望你能和我站在同一邊。」

「你經常和媽媽友們見面，可是卻沒時間和我約，這讓我覺得很失望。以後也多留點時間給我吧！」

「我知道你現階段沒有多餘的心力顧及朋友，但難免會覺得失望。」

感到失望時，為了冷靜沉著地應對，首先要讀懂自己的心意，然後再清楚表達給對方。比起把情緒壓在心底化膿，用正確的情緒詞彙加以表達和紓解，才是穩固人際關係的健康溝通。

◇◇ 將「我」的期待，
　　化為彼此「共同」的期待

　　付出太多、期望太大，最後卻又受到傷害——其實，我們心中的期待很可能不是彼此的期待，而是自己單方面的想像。這種時候，我們需要一段調整的過程，進一步去理解彼此想要什麼，以及能為此負起什麼樣的責任。如果想在關係中獲得治癒，就要將個人的期待化為彼此共同的期待——不是強求對方按照我的意願行動，也不是乾脆放棄希望，而是學會調整心中的期待值。接下來，就讓我們學習用健康的溝通方式，為彼此的期待取得平衡。

▎第一階段：定義關係&設定角色

　　第一階段的重點，就是為彼此的關係下定義，設定各自的角色。在日常生活裡，我們會擁有各種人際關係，並且根據對關係的定義來與他人相處。不過，在一段關係裡，彼此的認知很可能出現差異。例如正在約會的兩個人，一方認定彼此是戀人關係，另一方則覺得兩人尚處於曖昧階段，或者只是單純的交際而已。從一開始雙方就抱有不同的認知，這種關係其實遠比想像的還要

多。為關係下定義，設定各自扮演的角色，就相當於一種承諾
——讓彼此可以互相期待，並且對該期待負責。

孩子們在玩扮家家酒時，也會事先商量並分配各自的角色，
但是在日常生活裡，我們卻經常跳過這個步驟，或者態度曖昧不
明。如此一來，面對「我們是什麼關係？我對你、或者你對我是
什麼樣的角色？」的提問，就無法給出明確的答案。假如對某段關
係深感失望，那麼不妨透過對話與協商，重新設定彼此的關係和
角色。倘若兩人抱有不同的想法，或者定義模糊的話，可以藉由
溝通來條理清楚。這樣的過程，能夠蒐集對方的意見，共享彼此
對關係的看法，也可以在縮小意見範圍後，互相觀察一段時間，
確認彼此的立場差異。

▍第二階段：訂出期待＆責任

完成了關係和角色的定義，接下來就試著把期待與責任列出來
吧！缺乏期待與責任的關係看似輕鬆，彼此都沒有渴求的事物，
也不需要為對方付出，但這種毫無羈絆的關係就像飄浮的氣球，
只要一鬆手就會飛走。關係需要適當的重量與距離，而所謂的
「適當」，就是因應情況變化找到平衡點。為此，積極的溝通態
度不可或缺。

面對一段關係，許多人會表示「我們是戀人」、「我們是家人」，但令人驚訝的是，對於彼此想要什麼，或者認為對方有哪些責任，幾乎各自都有不同的回答。例如一方期待「家人的話，應該可以做到」，但另一方卻堅信「就算是家人，我也沒有義務這麼做」；或者一方認為戀人對彼此應該毫無保留，但另一方卻覺得交往時應該尊重彼此的私人領域。

讓我們一起把對自己和他人的期待與責任寫下來吧！內容寫得愈具體愈好。下面就是艾瑪列出來的項目：

✦ 關係與角色

相處二十年的好友關係（非常親密和平等的關係）；值得信賴的朋友角色。

✦ 規則與期待

- 朋友之間不能有祕密，一切都要坦誠相告。
- 身為朋友，無論何時都要體諒並理解對方。
- 我們的友情永遠不變。
- 做為至親好友，就算不明說，也要能懂對方的心意。
- 一定要比他人更快為對方提供協助。
- 除了家人以外，應該要比其他朋友更常見面。

・希望除了我之外，不要和其他的朋友分享祕密。

・和朋友見面時，希望不要把我漏掉。

・至少一個月見一次面，一週聯繫一次。

・當天的訊息要當天看，看完後馬上回覆。

・別忘了彼此的重要紀念日，例如為對方慶生等。

第三階段：調節彼此的期待與責任

列好了期待與責任的清單，那麼在第三階段，將檢查看看自己的期待是否過高或僵化，以及對方是否不願或無法滿足期待，據此進一步調整自己的期待值。針對每一個項目，提出以下四道提問吧！這四道提問，就像是我與對方的雙臂（ARMS）緊緊纏在一起，具有穩固關係的作用。

❶ 有實現的可能嗎？（Achievable）

❷ 是否有足夠的資源去實現？（Resourced）

❸ 彼此都同意了嗎？（Mutually Agreed）

❹ 期待的內容夠不夠具體？（Specific）

①我的右臂：這項期待，有可能實現嗎？

「朋友之間不能有祕密，對彼此的一切都要給予理解和共鳴」，仔細觀察艾瑪和麗貝卡的處境，就會發現這樣的期待難以實現。隨著時光流逝，長大後的兩人各自走上不同的道路，能夠分享並產生共鳴的交集區，有可能變大或變小。此外，與在學校一起度過的青春期不同，在大人的世界裡，牽扯到許多複雜的利害關係，無論是多親密的朋友，都會有難以啟齒或不想說出口的部分。這種情況，不代表雙方的友誼破裂，而是隨著各自經歷的生命周期不同，彼此的距離有時親近、有時疏遠。那麼，就讓我們一起思考看看，對現在的艾瑪和麗貝卡而言，什麼樣的期待才有可能實現？

②我的左臂：是否有足夠的資源來實現這項期待？

接著，我們必須考慮眼前的資源，是否可能滿足彼此的期望。所謂的「資源」，除了指金錢和時間，還包括人脈、心理餘裕、體力、知識和經驗等。就艾瑪的立場來看，只要朋友有難，就應該放下手邊的事，不顧一切地給予協助；反之，在生活型態完全改變的麗貝卡眼裡，最重要的莫過於家庭和孩子。因此，無論是體力、時間或心理餘裕，能分配給朋友的資源都較以前來得少。當情況發生變化時，個人的資源也會隨之改變，不可能永遠能滿足

相同的期待。若遇到類似的情境，確認看看彼此是否有充足的資源達成期待，並且坦率地表達出來，就會對溝通有所幫助。

就麗貝卡而言，與其用不耐煩的語氣來指責或諷刺艾瑪，不如誠實地告訴朋友：「我最近因為要照顧孩子，每天都睡眠不足，飯也沒能好好吃，所以心情變得很煩躁。除了互相分享育兒資訊的媽媽聚會之外，我幾乎很難抽出時間和朋友見面，內心也沒有這樣的餘裕。」反之，艾瑪也不該針對麗貝卡的痛處施以反擊，應該將自己的心境充分表達出來：「我希望我們能繼續維持摯友的關係。雖然能夠體諒你的情況，但內心多少有點不是滋味，我沒有當過媽媽，所以很難百分百理解你的感受。」

不僅是朋友，面對父母、戀人、同事等關係也不例外。父母明確地告訴孩子家裡沒有餘裕可以購買流行的高價羽絨衣，並不是件需要內疚或羞愧的事。為了維持健康的關係，我們都要懂得調節彼此的期待。

③你的右臂：這項期待，是否獲得了雙方的同意？

第三個問題，就是檢查自己的期待，是否也獲得了對方同意。亦即，是不是沒有顧慮到對方的想法，自己單方面地期待後又失望？有時，我們沒有明確告訴對方自己想要什麼，或者根本沒有

經過對方同意，就在心中暗自期待，最後又陷入失望。之所以有這樣的情形，是因為我們相信只要關係夠親密，對方就可以透過眼神來察覺我的需求，或者認為對方的付出理所應當。反之，我們也經常遇到他人沒有經過我的同意，就對我產生期待、遺憾或失望。這種未經雙方同意的期待，其實在日常生活中隨處可見。

好不容易鼓起勇氣來到諮商室的閔盛，仍然難掩心中的怒火。對於女友在沒有報備的情況下，私自與男同學相約見面，這件事讓他感到非常不悅，因為對方違反了他對戀人的定義與信念。「如果有交往的對象，就不應該和其他異性朋友見面，而且問心無愧的話，為什麼不事先徵求同意，還要刻意隱瞞呢？」反之，閔盛的女友認為白天和異性朋友喝咖啡，不是什麼大不了的事，沒必要特別向男友說明，不懂閔盛為何如此大驚小怪。

類似的問題，正是因為未曾針對彼此的期待與責任進行溝通，事先徵求對方的同意。「不說也應該知道」、「這不是理所當然的嗎」，這樣的錯覺，很可能對關係造成危害。話沒說出口，對方就不會知道。與其暗自期待對方理解並遵循自己的原則，不如將內心的期望清楚地表達出來，然後徵求同意或者予以妥協。

④你的左臂：關於期待的描述是否夠具體？

　　最後一道提問，是彼此關於期待的描述夠不夠具體。我們在談及對他人的期望時，經常顯得廣泛又模糊，例如「愛我最真實的模樣」、「兩人好好相處」等。然而，這樣的期待，完全沒有提到「應該怎麼做」。讓我們把抽象的期待，轉換為具體的圖像吧！「愛我最真實的模樣」，這種期待如果落實到日常生活裡，指的是什麼樣的行為呢？請描繪出想像中的場面，再和對方一起溝通協商。

1. 最近是否有對某個人期待破滅，因而感到失望或難過呢？請簡單描述一下事件的人、事、時、地、物，以及情感開關是在什麼情況下被觸動。接著，請透過心靈日記為自己的情緒命名，測定情感的濃度，然後把造成困擾的想法整理出來。關於心靈日記的詳細步驟，請參考第四章的內容。

❶ 情感開關是在何時、何地、因為什麼事、被誰所觸動的呢？請仔細回想還有沒有其他需要補充的背景。

_____

_____

_____

_____

❷ 請參考第四章的心靈日記與情緒詞彙列表，描述並測量一下當時的情感濃度。

_____

_____

_____

_____

2. 從整理好的思緒中，選出一個最困擾自己的想法，然後進一步
展開分析。假如該想法是疑問句或感嘆句，請將其改成以句號作結
的敘述句，然後試著回答下列的問題。

❶ **合理性**：這樣的想法是事實，還是意見？真的合理嗎？有什麼
樣的背景可以做為依據？

❷ **效用性**：假設我的想法全部合理或部分合理。然而，反覆咀嚼
這種想法，會對我的情感、行為、日後情況或人際關係，產生
什麼樣的影響呢？在這樣的想法裡糾結，我能獲得什麼好處，
又會承受什麼樣的副作用？

❸ **轉換立場**：當其他朋友和我處於相同情況時，我會對他說些什
麼呢？這樣的話，我是不是也能對自己說呢？

❹ **鳥瞰**：讓我們化身為展翅高飛、俯視一切的小鳥吧！綜觀整體
背景和脈絡，試著用不一樣的角度看待情況如何呢？

❺ **瞬間移動與時光機**：如果時間和地點不同，我還會有和現在一
樣的想法嗎？

關於「為偏執的想法找回平衡」，將在第十章「製作訂正筆記」裡
進一步說明。

3. 如果因失望而產生的痛苦想法，恰好與自己的期待相吻合，接下來，請重新檢視一下自己的期望。透過調整期待的三個階段，先為關係下定義，重新設定彼此的角色，再把自己認為被對方打破的期待寫下來。最後，請利用ARMS四道提問，與對方進行溝通，把「我」的期待變成「我們」的期待。

❶ 第一階段：為關係下定義，重新設定彼此的角色

首先，為彼此的關係下定義，就各自負責的角色進行溝通。若彼此有不同的想法，或者態度曖昧不明的話，都要藉由對話進一步釐清。

❷ 第二階段：訂出期待與責任

如果對關係和角色的意見達成一致，那麼接下來就分享一下雙方對期待和責任的看法。請具體地討論看看，自己和對方認為的「應該」是什麼。

❸ 第三階段：調整期待與責任

將彼此的期待與責任條理清楚後，接著就要確認期待的標準是否恰當。請利用ARMS四道提問，檢查各項期待是否過高或不可能實現，並對此進行調整。

4. 與其用被動或攻擊的態度處理失望的情緒，不如用健康的溝通方式表達自己的想法、情感與要求。

❶ 如果因為不善於表達或過於恐懼，難以邁出第一步的話，就試著利用心靈日記，找出自己擔憂和焦慮的實際樣貌。這時，因為探討的對象是尚未發生的事，可以用疑問句的型態，例如「如果……怎麼辦呢？」，把內心的憂慮與不安全部寫下來。

❷ 透過健康的溝通方式表達自己的想法、情感與要求後，再盡量用客觀的角度，觀察看看先前擔憂的事情是否發生，然後把結果記錄下來。此外，在直接面對內心的不安與焦慮時，自己學習到了什麼，也請一併寫下來。

如實地表達心意是需要勇氣的，而「勇敢」也有所謂的方法和技巧。關於如何鼓起勇氣踏出第一步，將在第十章更詳盡地探討。

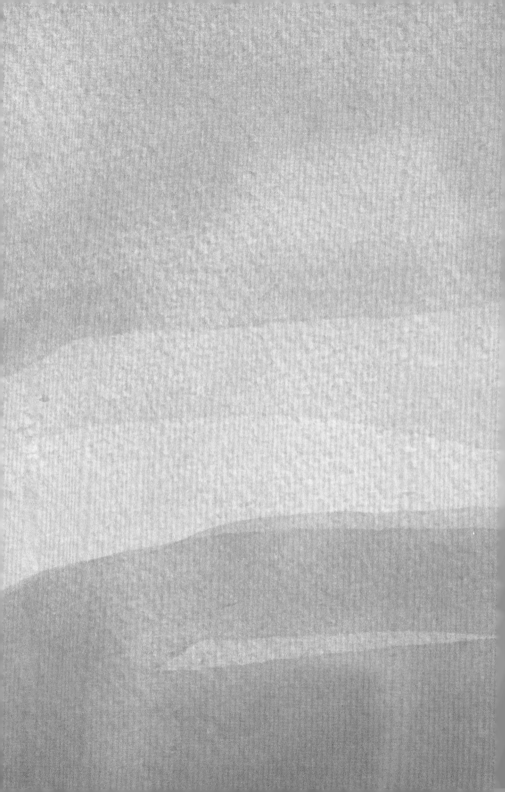

第八章

◆

即使受到指責和批評，
也要懂得守護自己

如果想杜絕一切批評，那你就只能做個
無腦、無能、無言、無為的人。

—阿爾伯特·哈伯德（Elbert Hubbard）

◇◇ 我們為什麼會被批評影響？

　　我在倫敦攻讀碩士學位時，有段時期正忙於畢業研究和論文發表，但是在二十多名學生裡，總有一名學生會耽誤課堂進度。那名學生習慣不斷向教授提問，直到自己理解為止，而當時間愈拖愈長，其他同學就會開始騷動，某些人甚至表達了不滿：「為什麼連這麼簡單的問題都要問？真是不懂得察言觀色！」然而，那位同學絲毫不在意周圍犀利的目光，堅定地把自己的疑惑全部問完。後來，令人驚訝的事情發生了，在畢業論文的評比中，她拿到了最優秀的成績。其實，那名同學在課堂上發問的內容，是一起聽課的我們都應該掌握的知識。但在這麼多人裡，只有她欣然地坦承自己不懂，提起勇氣發問。因為在意他人視線，選擇裝懂的我們，失去了進步的機會，而她則是藉此進一步成長。

　　或許情況各不相同，但每個人一定都有害怕被人批評，畏畏縮縮或選擇退讓的經驗。被他人批評時，內心會感到難受，因此我們總是下意識地迴避。究竟批評為什麼會讓人感到痛苦呢？

　　理由就在於我們落入了心理圈套，總是以否定的視角看待批

評。過去遭受批評的負面經驗，導致心靈之根受到創傷，隨之發展出的心靈支柱，對我們形成了層層的束縛。「批評是對我的攻擊，意味著我能力不足；人們批評我，就等於是討厭我」，假如陷入這樣的心理圈套，那麼在面對和批評有關的危機情境時，就很容易產生消極的想法和恐懼。

這時，我們很可能會以攻擊或被動的方式，立即做出反應，致使情況加倍惡化。隨著這種模式不斷反覆，我們等於切斷了學習健康應對的機會，然後在面對他人的批評時，更加感到生疏和困難。最終，我們會逐漸失去自信，對危機情境深感焦慮，且一旦受到批評，就很容易陷入憤怒與挫折。

▍批評對每個人來說都是難題

是不是只有我特別難以面對批評呢？我們經常覺得自己過於敏感、自尊感低，所以才會無法承受他人的批評。然而，面對批評其實對每個人來說都很難，其中最重要的原因，就是人類都有基本的社會需求。沒有人不渴望獲得愛與認可，我們經常為此竭盡全力，也為此落得遍體鱗傷。孤立會威脅到社會動物的生存，甚至成為致命的弱點，因此，在進化的過程裡，我們學會透過紐帶關係和歸屬感達到情緒方面的穩定。不過，批評卻對這種渴望形成了正面衝擊，如果持續暴露在攻擊性的指責裡，無法獲得關愛

與肯定，心中的缺憾會漸漸生根，如影隨形地對我們造成影響。

其次，難以面對批評的第二個原因，就是「大腦原本就傾向負面思考」，亦即所謂的負面偏誤。和親朋好友給的稱讚相比，陌生人無意間扔出的石頭，會在我們心中停留更長的時間；就算有一百則評論給予讚美，也抵擋不住一則惡評在腦海中盤旋。許多人會責怪自己：「難道是我的性格太消極了嗎？」但是，腦科學家如此回答：「我們的大腦天生就偏好負面思考。」除非切除部分大腦，或者以藥物進行人為控制，否則我們幾乎不可能永遠保持陽光積極。

據多數的研究結果表示，大腦在進化的過程裡，一直朝加重負面思考的方向前進。人類追求生存的本能強烈，因此，大腦會對負面的刺激更加敏感，以便快速做出反應。為了能保護自己免於危險，「不安與恐懼的情緒」，就是身體對我們發出的警示。大腦中負責情感的邊緣系統（Limbic System）內的杏仁核（Amygdala），就是掌管負面情緒的中樞。當杏仁核捕捉到與過去危險情境類似的條件，就會將其視為威脅，以負面情緒發出警告。假如我們持續受到攻擊性的批評，變得敏感的杏仁核只要一碰到微小的刺激，就會不斷發出警示與催促：若不想再次受傷，就要立即開戰或逃亡。這時，我們便會很容易受到批評左右。那麼，我們究竟該如何應對批評呢？

容易被批評影響的心理圈套

　　如果想冷靜地面對杏仁核濫發的警告音，我們就必須檢查一下自己落入了哪些批評的心理圈套。接下來，就讓我們利用以下的清單確認看看：

☐ 批評是對我的蓄意攻擊。

☐ 批評就是揭露我的缺點（無能、沒有價值、不聰明等）。

☐ 受到批評代表我犯了錯。批評是對我的輕視與否定，也意味著我很惹人厭。

☐ 我絕對不能受到批評，無論如何都要想辦法避開。

☐ 我絕對不能同意他人的批評，否則就會成為犯錯的一方。

☐ 批評充滿了危險性，我很難適當地面對或處理。

☐ 同樣的，我也不能對他人做出批評（只能說好話）。

☐ 如果不想被批評，就要凡事做到完美（一開始就使出全力）。

☐ 如果不想被批評，就必須防禦、攻擊或改變對方的想法，否則就會受到壓制。

☐ 如果不想被批評，就要盡量迎合他人。

☐ 如果不想被批評，就要時刻提防他人，千萬別露出破綻。

⬦⬦ 建設性批評與攻擊性批評不同

　　應對批評的第一步，就是理解「批評」的本質。那麼，批評究竟是什麼呢？其實就是告訴我們「這裡有問題（請善加解決）」。正所謂良藥苦口，批評也不全是負面涵義，它具有重要的溝通功能，可以指出問題並要求解決。尤其是愈想珍惜或長久維持的關係，批評就益發顯得關鍵。沒有任何一段關係可以毫無衝突，因此，為了達成健康的互動，我們要懂得利用批評即時反應並解決矛盾。

　　批評分為兩種，能夠對症下藥的是「建設性的批評」，導致病情加重的則是「攻擊性的批評」。接下來，就讓我們先看一下建設性批評。

▌嘗試解決問題的建設性批評

　　所謂的建設性批評，就是忠於提出問題、請求解決這項最基本的溝通功能。因此，批評的內容必須滿足以下兩個面向：

第一，問題是什麼？

第二，該如何解決問題？

建設性批評，應該明確地具備「指出問題」和「解決」這兩項要素。可以直接提示解決方案，也可以詢問對方意見，由雙方一起探索。建設性的批評，讓我們有機會掌握並解決自己沒有發現的病灶，因此，面對建設性批評的基本態度，就是將它看作「解決問題的良機」。

如果不希望批評變成攻擊，除了最基本的溝通功能外，還必須符合以下三個條件：

❶意圖：幫助對方成長和發展。

❷態度：真誠且不具威脅性的態度。

❸功能：提出和解決問題的作用。

▌企圖輾壓對方的攻擊性批評

那麼，何謂攻擊性批評呢？攻擊性批評的目的，不在於提出或解決問題，而是為了擊垮對方，或者讓情況變得對自己有利。因此，在提出問題時，經常不以事實為根據，或者誇張、扭曲部分

事實。此外，就算根據情況指出了問題所在，他們通常也不清楚自己想要什麼，沒有解決的對策，只是把焦點放在攻擊對方。

攻擊性批評包括侮辱、揭短、人身攻擊、責怪、嘲弄、諷刺、威脅等，趁著被攻擊者驚慌失措時，他們會漸漸偏離問題的主軸。在這種情況下，對話就變成了為戰而戰，在不重要的部分一味地消耗能量。

有些人會說，受到攻擊性批評時，雖然心情很差，但指責的內容似乎句句屬實，令人難以反駁；或者認為對方並非出於惡意，於是覺得自己應該接受那些批評。以「為了你好」或「清醒一點」為名的「真相暴力」，就算是立基於事實之上，最終也還是屬於暴力行為。因此，即使對方主張「出於好意」，以事實為根據進行批評，只要不滿足前述的態度條件，就不能算是建設性批評。

這種攻擊性批評與「為了你好」的意圖不同，會讓人留下創傷，因此，從聆聽者的角度來看，很難接受其中解決問題的要求。不過，在面對攻擊性批評時，仍然可以不受對方牽引，從容地加以應對。

◇◇ 看待批評的新視角

　　如前文所述，批評具有提出和解決問題的重要溝通功能，並且分為建設性批評與攻擊性批評兩種。假如可以明確地認知、記住這兩項事實，我們就沒必要無條件地迴避批評，或者以負面的態度來應對。那麼，以什麼樣的視角來看待批評，會對自己有所幫助呢？

▎批評針對的是「行為」而不是「人」

　　受到批評的對象，是特定的行為、語言或事件，而不是說話或行動的當事人。因此，我們應該將人與行為分開來看。某種行為及結果存在問題，並不代表當事者的存在就是問題。在批評他人或受到批評時，如果將問題鎖定在有改善空間的行為上，就沒必要表現出過度的防禦、迴避、屈服等被動態度，也沒必要向對方展開激烈的反擊。

犯錯是學習的機會

開始一項新事物，就等於要做好無數次嘗試錯誤的準備。如果因為害怕批評，企圖馬上做到完美，那麼就很容易逃避或放棄。回想一下，第一次接觸自行車，到真正學會獨力騎乘時，一定也摔倒或失敗了許多次。學業、工作、運動等各種領域，我們都是透過嘗試錯誤而得以進一步發展，處世的技能當然也不例外。而他人的批評，就是代替我找到自己沒有察覺的問題。

虛心接受失誤，違背了我們想要獲得愛與認可的基本欲望，是一段面對自我的痛苦歷程。然而，如果把它看作是他人代替自己發現問題，促進成長的機會，反而會成為一份值得感謝的禮物。

人不可能完全避開批評

人生在世，免不了遭遇批評。就算只想聽悅耳的話，現實生活中也不可能如願。舉一個極端的例子，即使是擁有最高權力的國王或獨裁者，也一定有人會對他發出批評。我們不可能要求每個人都只說自己愛聽的話，因此，在無法避免批評的情況下，先行做好應對的準備，才是最有效且實際的方法。

批評不必夾帶著攻擊

每個人都有表達的權利，同時也有責任互相尊重。遵守禮儀並不是一味地迎合對方，不提出任何異議，這種被動式的反應，反而會使自身的權利受損。相對的，雖然我們有權利心情不好、討厭他人，也可以將情緒或想法表達出來，但不能以攻擊性的方式傷害對方。換句話說，不是批評這項行為無禮，而是批評的「態度」有失分寸。假如不希望自己的坦率變成冒犯，就需要學會健康的溝通。

懂得批評，關係才能維持長久

聽取他人的批評很難，對他人做出批評同樣不容易。但若礙於眼前的尷尬而刻意掩蓋問題，未消化的情感會鬱積在心底，從而引發更大的難題。為了避免感染惡疾或長期養病，我們通常會提前注射預防針，或者在症狀輕微時盡快接受治療，而批評也是同樣的道理。假如對方的行為有改善的餘地，給予真誠、明確的反饋，反而是為了維持關係所做的努力。「我認為這裡有問題，希望你能加以修正」，建設性的批評是請求對方協助，以便長久地維持關係，而不是否定對方存在的價值，希望他徹底變成另一個人。

別為對方的態度糾結，專注於當下的問題

回應批評時，必須把焦點放在內容上，而不是對方的態度。例如當朋友抱怨「拜託遵守一下時間」，我們可能會覺得「為什麼要用那麼不耐煩的表情說話」，把對方的態度當成問題。如此一來，對話的主軸就會偏離守時問題的討論與解決，變成開始抓對方的語病或翻舊帳，最後淪為互相指責的局面。同樣的，在向他人提出批評時，也要注意不偏離主題，像是糾結於過去的經驗或聆聽的態度等，應該把精力集中在解決目前的問題。

遇到問題就積極地解決

如果在批評時提出問題，那麼結尾就要給出具體的建議，或者一起討論如何解決。在沒有解決方案的情況下，一味地橫加指責或吐露不滿，對雙方的關係沒有任何幫助，感覺就像是為了批評而批評。在提議解決方案時，內容必須夠具體，而且有實行的可能。倘若丟給對方無法承擔的課題，又不提示解決方法；或者在資源不足的情況下，要求對方「無條件做到好」，只會引發不安、憤怒與挫折等情緒。例如孩子們吵架時，如果不教導他們怎麼和睦相處，只是用訓斥和體罰進行攻擊性的指責，就無法從根本上解決問題。提出批評時，若能與對方面對面討論問題的癥結、執

行的難處、是否有更好的方法，就可以把對話的重心從攻擊轉移到積極地解決問題。

▎以正向的態度作結

批評以問題起始，以解決收尾；雖然初期抱著否定的態度，但最後要從肯定的面向作結。這樣的方式，可以在對方的心底種下希望。此外，從批評的立場來看，只要稍有不慎，很容易就變成單方面進行權威式的溝通。因此，在批評結束之前，應該盡量詢問對方的想法：「還好嗎？」、「你怎麼看呢？」，簡單的一句話，就可以迅速轉換成水平視角，傳達出理解並尊重對方的訊息。

◇◇ 如何面對建設性批評

如前文所述，批評可分為建設性批評與攻擊性批評。建設性批評的出發點在於幫助對方，具備提出和解決問題的正向功能，傳達訊息時的態度真誠且不具威脅。相反的，攻擊性批評則帶有指責的意味，同時無法滿足意圖、態度、功能等一項以上的條件。

根據批評的種類不同，應對方法也會有所差異。首先，就讓我們來看看如何面對建設性批評。

▍第一階段：「等一下！」暫停與反問

為了適當地進行應對，第一步要做的就是區分批評的種類。這時，我們可以活用「暫停與反問」的技巧，也就是在心中按下暫停鍵，讓對方「等一下」，接著反問「這是什麼意思」、「你指的是什麼呢」。

「暫停與反問」具有兩項功能：第一，能夠幫助自己穩定急躁的心緒。如果驚慌失措或情緒激動，視野就會變得狹隘，容易衝

動地按照過往的習慣反應。在這種情況下，很難以健康的方式展開應對。在反問「這是什麼意思呢」，然後等待對方回覆的期間，雖然只有短短的幾秒，但是可以重新凝聚渙散的注意力，調整呼吸和心情。

「暫停與反問」並不是要等到情緒完全平靜為止，而是把激昂飛躍的情緒歸位，讓情感的濃度從100%降到70%左右，以輕鬆的心情準備與對方溝通。

第二，「暫停與反問」的技巧有助於判斷情況，以便區分對方的發言屬於哪一類的批評。面對危機情境，我們很容易被各種思緒席捲，搭上崩潰的「暴衝列車」。心靈發出的警報不斷提醒我們周圍有危險，必須趕快採取行動；或者對方不停催促，導致我們衝動地做出反應。其實，我們沒必要急著作答，只要停下來反問對方問題，就可以避免匆促的判斷，蒐集到更多情報。接著，我們可以再根據批評的種類，選擇適當的應對方法。

▍第二階段：主動道歉和承認

「主動道歉」和「承認」，是應對建設性批評的兩種方法。所謂「主動道歉」，就是在對方開始批評之前，先承認自己的錯誤並道歉。為了不讓道歉看起來缺乏誠意，應該明確地表達自己做錯

了什麼，以及未來可以如何解決。例如約會時遲到，抵達約定地點時，就應該馬上向對方道歉：「對不起，我遲到了。」接著，再以同理心補充道：「等了那麼久，一定很冷吧？」或者積極提出解決方案：「這個時間路上太塞了，我下次會放棄公車去搭地鐵。」如此一來效果會更好。此外，也可以反問「我怎麼做比較好？」，尊重對方提出解決方案的權利。

第二種方法是「承認」，即坦率地接受對方的批評和指教。在受到建設性批評時，不妨同意對方指出的問題點，承認自己的錯誤。不過，千萬不要用「我果然做不到」、「都是我的問題」等自我攻擊的語句，表現出被動攻擊的態度，也不要順勢反駁對方的話，衝動地展開防禦，重點在於坦然承認自己的疏失。用「你說得對」，承認對方指出的問題，就可以降低雙方之間的緊張感，開始專注於解決問題，而不是一味地互相攻擊。

以下是主管批評下屬工作進度落後的例子：

主管：「工作進度落後了一週，再這樣下去，很難趕在期限內完成，你打算怎麼做？」

下屬：「部長您說得對，我也覺得這次的進度有問題。雖然大家都很努力，但跨部門之間的合作，溝通效率好像太低了。我們在每個部門裡指定一位負責人，把各自的工作內容劃分清楚，之

後再整合好嗎？比起透過電子郵件溝通，每天早上開個簡短的會議，應該能加快工作進度。請告訴我哪裡還有問題，我會再想想有什麼方法可以解決。」

父母和子女之間，也經常發生類似的情況，以下是孩子對著母親發洩不滿的案例：

孩子：「媽媽，你只要聽到弟弟哭了就會馬上跑過去，我不管再怎麼哭你都不理我──我也要當嬰兒！」

媽媽：「啊，你說得沒錯……媽媽沒有注意到愛蜜莉，讓你失望了吧？」（給予共鳴）

「承認」的力量來自於自信，以及只要我們願意，隨時可以改變現況的堅定信念。此外，「承認」也意味著希望，亦即我們沒有必要因為失誤或部分的缺點，就深深地感到挫敗或崩潰。

▎第三階段：接受解決方案

建設性批評的目的在於提出並解決問題，假如已在第二階段同意對方指出的問題點，那麼第三階段，就是接受「怎麼做」的解決方案。如果對方沒有提出解決問題的對策，可以詢問：「該怎麼做比較好？」或者直接提議：「這樣做好不好？」

和芝賢在諮商室裡討論到批評時，她突然想起自己高中時的經歷。當時在美術部的芝賢，因為沒有恭敬地向學長姐打招呼，和朋友們排成一列受到了訓斥。隨著時間愈拖愈久，其中一位朋友忍不住反擊：「責罵後輩是無法樹立權威的！」氣氛瞬間變得更糟。這時，某位安靜坐在一旁的前輩表示：「你說得對，想獲得後輩的尊敬，不應該用這樣的方式，我們應該以身作則才對，以後不會再發生這種情況了。」

　　在位階秩序嚴明的小團體中，改掉把委屈報復在他人身上的惡習，不是件容易的事。因此，虛心接受後輩的批評與建議，這樣的行為最終獲得了真正的尊敬。承認問題並接受對方的提案，不等於羞恥或挫敗，而是一場所有人的共同勝利。

◇◇ 如何應對攻擊性批評

面對各種人際關係，我們除了會受到建設性的批評，也會碰到攻擊性的指責。當這些批評影響了我們，就會讓人極度地痛苦。處於這種情境時，我們很容易表現出「以牙還牙」的攻擊性態度，或者因為過於驚慌，而採取被動的態度來忍耐或迴避。有時，我們也會以為「優雅的反擊」這種被動攻擊的態度，才是面對批評最有效的方式。

除了以上這三種反應，難道就沒有其他的應對方法嗎？現在，就讓我們分成三個階段，進一步學習該如何面對攻擊性批評。

▌第一階段：用反問和抓語病來判斷訊息

應對攻擊性批評的第一階段，同樣是在心中按下暫停鍵，反問對方「你說的是什麼意思」。接收到建設性批評卻存有誤會時，或是再次確認推土機攻擊型的強烈指責時、因為被動攻擊型繞圈子式的言論感到困惑時，這個步驟都可以有效地加以釐清。尤其是拐著彎罵人的被動攻擊型批評，會透過各種方式干擾我們的判

斷，容易讓人陷入混亂。如此一來，我們將難以區分批評的種類，更遑論做出適當的應對。「反問」和「抓語病」法，特別適合用來分辨刻意隱藏攻擊意圖的批評。

首先，為了平復慌亂情緒、判斷情況，需要先在心裡「暫時」畫下逗號，然後反問對方：「你指的是什麼呢？」接著，挑出對方語意模糊或矛盾的部分，冷靜地要求對方再次說明，例如「這個部分我不是很懂，可以稍微講清楚一點嗎」。「抓語病」的技巧，有助於整理混亂的情況，當對方說話反反覆覆、言行不一，或者言談的核心與文字、肢體語言等產生矛盾時，都可以派上用場。

不過，在進行回應時，切記不能攻擊提出批評的人，而是要客觀地掌握並整理出矛盾的話語、行為或情況，要求對方再次確認清楚。例如主管下達的指令前後不一，我們可以反問道：「課長，上次會議中您說A專案要優先進行，現在則要我們專心做B專案，請問要以哪一個專案為主呢？」

如果把「抓語病」的技巧，運用在嘴上說沒事但全身都在表達憤怒情緒、不斷擺臉色的朋友身上呢？「雖然你一直說沒事，但行為舉止和平常完全不一樣，不回話也不看我，讓我感到很混亂。希望你能誠實地說出自己的感受。」

接下來，就讓我們看看該如何具體運用反問和抓語病法。以下

是久違地在同學會上見面的志勳和尚敏的對話：

　　志勳：恭喜啊！以前你總是很不起眼、沒有朋友，一頭栽在電腦的世界裡，現在成長了不少呢！能夠在大企業上班，你真幸運。早知道科技業比較好找工作，我就也去那個領域——總之真的恭喜你！

　　尚敏：什麼意思？（「等等」，按下暫停鍵然後反問）

　　志勳：沒有啦，我是說恭喜你順利就業。

　　尚敏：我知道你是在恭喜我。但是，你剛剛提到我以前的模樣，還有說我幸運、科技業比較好找工作，這跟祝賀有點搭不上，讓我覺得很混亂，希望你能說清楚。（抓語病）

第二階段：包含想法、情感與要求，說出想說的話

　　第一階段是反問和抓語病，而第二階段，則是正式地應對攻擊性批評。這個階段的應對技巧，大致可以分成「立即反駁」與「先認同，再反駁」。

①立即反駁

　　首先，「立即反駁」就是以「我」為主語的句子，把自己的想

法、情感與要求明確地表達出來，例如「不，我不那麼想」，或者「我覺得很不開心」等。此外，也可以在後面加上自己的要求，像是「我很不開心，請不要這麼做」。表達時，務必保持冷靜、淡定的態度。人們經常認為淡定的態度，是壓抑自身情感的一種表現，然而，淡定其實意味著對情感的充分理解與包容。

- 表達〔想法〕：我不同意你的想法／我覺得自己很努力了／就我的立場聽起來，一點也不像真心的祝賀／我覺得你很失禮……
- 表達〔情感〕：那句話讓我很不開心／聽了那句話之後，心情不太好……
- 表達〔要求〕：請不要說那種話／以後請注意……

　　情緒激動時，很容易馬上按照過去的溝通習慣做出反應，事後才又倍感後悔。因此，必要時不妨先等待自己奔騰的情緒冷靜下來。此外，說話時必須穩住自己的重心，並且留意聲音、表情、姿勢、視線等肢體語言。回到前面的案例，假如尚敏認為志勳的話是被動攻擊型的批評，那麼他應該如何應對呢？

為了保持重心，說話時要專注於自己的想法、情感與要求。尚敏想傳達的核心內容，是志勳的話過於無禮、令人不悅，希望以後不要再有類似的發言。很多時候，對方會以「明明沒什麼，是你反應過度」來否認問題，拒絕接受要求。面對這種情況，也請專注於自己的想法、情感與要求，不斷地重複強調。舉例如下：

　　志勳：我只是隨口說說，你幹嘛那麼激動？

　　尚敏：（就算你沒有那樣的意思）但我覺得很不開心，希望你不要再說這種話。

　　「以前你總是很不起眼、沒有朋友，一頭栽在電腦的世界裡」，假如尚敏針對志勳的這句話進行反駁，強調「才不是，我以前也有朋友」的話，狀況會如何呢？如此一來，對話的主題就會走偏，變成尚敏到底有沒有朋友的攻防戰。

　　「就像你說的，我以前不起眼又沒朋友，總是一個人埋頭在電腦的世界裡，但我都進步成這樣了，這段時間你做了什麼啊？」如果尚敏以這種方式反擊，情況又會如何發展呢？尚敏的最終目的，是希望志勳不要再做出被動攻擊式的批評，但這樣的反擊，反而會讓兩人更加劍拔弩張，爆發消耗性的爭吵。因此，正如第五章所提到的，說話時最好以「我」為主語，明確地把訊息傳達出去。

②先認同，再反駁

第二個技巧，則是「先認同，再反駁」，亦即先部分同意對方的話，然後再把自己的想法、情感與要求表達出來。特別是面對堅持己見、非贏不可的攻擊型時，如果以硬碰硬的方式對抗，雙方的關係就會愈來愈緊張（Escalation）。因此，比起直接反駁對方，先用「你說的那個沒錯」予以緩衝，再把想說的話說出來，效果會更好。

雖然不是百分百同意對方的話，但如果先給予認同，「你說的那個沒錯，並不是全無道理」，這樣的反應，能夠削弱對方朝自己劈過來的刀鋒，暫時降低緊張感（De-escalation）。

「先認同，再反駁」的基本句型，是「你說的那個沒錯，但是……」（Yes, but……）。接下來，就讓我們具體地探討該怎麼根據情況給予部分認同，進一步熟悉這項技巧。

首先，是認可部分的對話內容。亦即，只對談話中適當且正確的部分給予認可，告訴對方「你說的那個沒錯」、「某些部分很有道理」。此時，我們不能直接反駁「你說錯了」，或是直接把自己想講的話講完，而是要以「那部分沒錯」、「這句話說得很對」做為開頭。請看看以下的例子：

志勳：恭喜啊！以前你總是很不起眼、沒有朋友，一頭栽在電腦的世界裡，現在成長了不少呢！能夠在大企業上班，你真幸運。早知道科技業比較好找工作，我就也去那個領域——總之真的恭喜你！

尚敏：什麼意思？（「等等」，按下暫停鍵然後反問）

志勳：沒有啦，我是說恭喜你順利就業。

尚敏：我知道你是在恭喜我。但是，你剛剛提到我以前的模樣，還有說我幸運、科技業比較好找工作，這跟祝賀有點搭不上，讓我覺得很混亂，希望你能說清楚。（抓語病）

志勳：我只是要恭喜你，幹嘛板著一張臉？

尚敏：沒錯，你說得對，我以前的確是那樣（承認部分內容）。但這些話聽起來很不舒服，希望你以後不要再提。

志勳：我沒有別的意思，你為何那麼敏感？

尚敏：不管怎樣，對我來說那些話既無禮又讓人不開心，以後不要再講那種話了。

第二，是承認對話內容有發生的可能性。批評時，經常會出現「因為你～所以（結果）就會～」的句型，也就是以尚未發生的

事進行威嚇。面對這種情況，我們可以只承認一部分的內容有發生的可能，像是「的確有可能會那樣」，經過一次緩衝後，再說出自己想說的話。針對對方的「威嚇性批評」，我們不全面性地反駁，強調那些只是過分的想像，而是先承認當中百萬分之一的機率，然後再切入自己想說的重點。讓我們再來看看志勳和尚敏的對話：

志勳：恭喜啊！以前你總是很不起眼、沒有朋友，一頭栽在電腦的世界裡，現在成長了不少呢！能夠在大企業上班，你真幸運。早知道科技業比較好找工作，我就也去那個領域──總之真的恭喜你！

尚敏：什麼意思？（「等等」，按下暫停鍵然後反問）

志勳：沒有啦，我是說恭喜你順利就業。

尚敏：我知道你是在恭喜我。但是，你剛剛提到我以前的模樣，還有說我幸運、科技業比較好找工作，這跟祝賀有點搭不上，讓我覺得很混亂，希望你能說清楚。（抓語病）

志勳：我只是要恭喜你，幹嘛板著一張臉？我是真心地祝福你，但你以這種方式反應，我以後都不曉得要怎麼跟你說話了。假如你對別人的每句話都這樣挑語病，往負面的方向思考，人際

關係肯定會遭遇困難，同學會的氣氛也會被你破壞。

尚敏：沒錯，也有可能就像你說的那樣。（承認有發生的可能性）但是，我要求你以後不要再講那種話，不代表我以後的人際關係都會有問題，也不至於讓同學會的氣氛被破壞，只是有段時間你可能會感到不自在而已。（聚焦到當下的結果）

恐懼也是很多父母為了迅速解決問題而使用的戰略，這種「威嚇性批評」，是管控孩子最簡單的方式，例如不聽媽媽的話就會被抓去關，不刷牙的話，牙齒蛀掉就要全部拔光等。而帶有威嚇性的批評，也會讓人對極端情況產生過度的擔憂和焦慮。

假設父母希望孩子好好讀書，於是恐嚇他們「如果考試考不好，就會上不了大學，人生也會毀於一旦」。然而，這次考試沒考好，人生就會全盤皆輸的「最壞劇本」，只是一種極端且扭曲的思考方式。由於問題發生的可能性非常低，所以利用威嚇性批評來進行訓育，很快就會失去效果。當聽到這種威嚇性批評時，首先可以承認「沒錯，的確有這種可能」，接下來，不妨把焦點縮小到問題最直接引發的後果，像是「這次沒考好，拿到的成績就會很低」。

第三，只承認原理或原則的部分。有時，對方會透過攻擊性批評來指出問題，然後要求按照自己的方式進行改善。此外，還有可能刻意干涉或管控細節，強行提出自己的意見，最後再「以愛

為名」，把所有的行為合理化。遇到這種情況時，該如何應對呢？

首先，可以將對方的發言分為「提出問題」與「解決問題」兩個部分。其次，只認可「提出問題」中符合框架的原則性部分，不接受對方「解決問題」的方案。以下的對話，是女兒與媽媽因為育兒觀不同所產生的碰撞：

媽媽：你就是太寵孩子，他才會這麼沒大沒小。該揍的時候就要揍，這樣才能讓孩子感受到父母的權威，然後乖乖聽話。

加瑛：沒錯，過分的溺愛對孩子有害。（僅承認原則的部分）就像媽媽說的，訓育也很重要，但我不希望用體罰來強迫孩子聽話。或許我的教養方式不夠成熟，但我也用自己的方式在努力，希望媽媽能給我一點時間和空間。（表達想法和要求）

加瑛沒有對媽媽說「我跟你的想法不同」，然後馬上發表自己的意見，而是先在符合原則的範圍內認可媽媽的說法，製造緩衝的餘裕。接著，她藉由對體罰的不同看法，駁回了「父母要立威」的提議，並要求媽媽守住教養的界線。

▌第三階段：聚焦在主題上，以求解決問題

在立即反駁對方的批評，或先認同、再反駁後，接下來的第

三階段，就是想辦法解決問題。追根究柢，攻擊性批評的目的，同樣是希望對方針對現有的問題加以解決，只是批評的方式未能滿足前述的意圖、態度與功能三項條件，導致訊息無法有效地傳達。攻擊性批評經常脫離主題，將對話引向戰場，因此，如果想要解決問題，每當對話偏離主軸時，就要將它們拉回原點，守住話題的重心。這時，可以反覆地提醒對方問題出在哪裡，並詢問其要求。例如「所以你認為問題是這個，對嗎？」以概括的方式，確認自己是否正確理解對方的訊息。

我們可以積極地活用共鳴回應或摘要式回應等聆聽技巧，然後詢問對方有什麼樣的要求，像是「所以該怎麼解決比較好」，或者以「這麼做如何」等方式，提出具體的解決方案。

1. 批評大致可以分為兩種：一種是為了維持關係並解決問題的建設性批評，另一種則是為了讓事情朝自己有利的方向發展，或刻意打壓對方的攻擊性批評。根據意圖和內容不同，應對的方式也有所差異，我們可以總結如下：

❶ **應對建設性批評**

＊第一階段‧區分批評的類型：按下暫停鍵並反問
＊第二階段‧應對問題：主動道歉和承認
＊第三階段‧解決問題：接受解決問題的方案

❷ **應對攻擊性批評**

＊第一階段‧區分批評的類型：用反問和抓語病來判斷訊息
＊第二階段‧應對指責：立即反駁或先認同再反駁，說出自己想說的話
＊第三階段‧解決問題：聚焦在主題上，以求解決問題

2. 現在，讓我們來練習一下應對建設性批評與攻擊性批評的方法吧！可以和朋友或家人一起用角色扮演展開練習！

❶ 掌握自己容易受擺布的情境

透過第一章的「危機狀況檢核表」，掌握自己容易受批評影響的情境，將其製作成清單。

❷ 用角色扮演來練習應對的方法

在何時、何地、受到誰的批評，設定出情境劇的背景，反覆練習前述的應對技巧。

❸ 按照順序練習

故意犯下一些「小失誤」，練習看看在實際情況中該如何應對批評吧！同樣的，先透過危機狀況檢核表，掌握自己在何時、何地、受到誰的批評時，會覺得難以應對，不妨從難度較低的階段開始。

受到批評時，如果不想按現有的習慣急躁地做出反應，首先要在內心裡喊「等一下」，按下暫停鍵，確保心靈視野的寬度。接著，可以反問對方「你說的是什麼意思」，明確地掌握情況後，再選擇最有效的應對方式。

如果想更有系統地練習應對批評的方法，在第十章會有進一步的說明。

第九章

◆

如何坦然地
接受讚美與感謝

讚美別人並不是貶低自我,而是把自己
放在和對方一樣的水平上。

——歌德(Goethe)

◇◇ 用讚美來建立並延續關係

「謝謝，做得真好，我愛你……」

曾在什麼時候聽過這樣的話呢？自己什麼時候對他人說過同樣的話？表達稱讚、感謝和愛意，就像是不用花錢就能帶來感動的禮物。我們可能認為禮尚往來很容易，但出乎意料的是，我們其實不熟悉這種表達方式，所以無法在言語上表現出來，只是把情感藏在心底。對親近的家人尤其如此，我們一定聽過這樣的話：「家人之間何必那麼見外……就算嘴上不說，心裡也都明白。」

仔細回想，我們經常為了獲得稱讚而費盡心思，然而，當需要讚美他人或說出感謝的話時，卻總是感到彆扭或特別吝嗇。更諷刺的是，我們雖然渴望聽到讚美、關愛或感謝，但實際上面對稱讚時，反而顯得尷尬或不知所措。

除了批評和拒絕之外，有時我們也難以將讚美的話說出口。在第九章，我們將學習如何不受他人擺布，坦然地讚美他人並接受稱讚。

互相提高自尊感的讚美

稱讚所承載的是「做得好、很珍貴、有價值」等訊息，也就是提出某人性格或行為上的優點，認可其價值。若想傳達這樣的訊息，就必須發自真心地關心並愛護對方，唯有如此，才能以開放的心態，誠摯地表達出讚美。稱讚對建立或維繫關係具有積極的作用，正所謂「稱讚能讓鯨魚跳舞」。

在剛開始對話或彼此尷尬的情況下，讚美具有「破冰」（Ice Breaker）的功能，可以緩解當下凝結的氣氛。此外，在建立一段新的關係時，也可以用讚美來表達好感，進一步打開對方的心。下面的例子，是許久未見的朋友之間的對話：

「真的好久不見，你今天看起來氣色很好耶！這件夾克很適合你。」

「你才是真的很帥！這麼久不見，還是和以前一樣。」

在公司開小組會議時，又可以怎樣運用呢？

「在部長強而有力的帶領下，這次的案子也順利完成了。」

「全是託了金課長的福，從頭到尾都非常盡責，細心地把案子做完。」

就像這樣，我們可以透過互相稱讚，製造出和樂的氣氛。

此外，稱讚還有一項功能：不僅可以提高對方的自尊感，也能讓自己的自尊感上升。前者很容易理解，但提升自己的自尊感，這是什麼意思呢？

讚美的話語，表現出來的是均衡且堅實的自尊感。善於把握自身的優缺點，懂得自我激勵與稱讚的人，大多對自我抱有均衡的想法與自信。以這種均衡感與穩定感為基礎，就可以真誠地對別人的優點進行稱讚。反之，如果總是拿他人和自己比較，覺得「我做什麼都不順利，能力比他差」，就很難發自真心地給予祝賀或讚美。

自尊感高的人，善於稱讚他人的優點；而懂得稱讚他人，也會讓自己的自尊感跟著提升。正如第四章所提到的，情境、情緒、想法與行動這四道魔法咒語，會互相連結與影響。當想法有所改變，行動就會隨之起變化；相反的，改變自己的行為，也會讓想法跟著改變。因此，透過給予他人讚美，我們也會對送出禮物的自己抱有積極正面的想法。

◇◇ 稱讚，為什麼如此困難？

　　稱讚能夠同時提高自己和對方的自尊感，既然有這樣的優點，為什麼我們還會覺得稱讚很困難呢？原因就在於我們從小就沒有好好學過稱讚他人和接受稱讚的方法，對此感到生疏。另外，當我們對讚美產生負面情緒時，也會陷入所謂的心理圈套。例如父母在多名子女中特別稱讚某一個孩子，刻意製造出比較和競爭的成長環境，或者一直拿子女和周圍優秀的人比較，像是「媽媽朋友的兒子」、「媽媽朋友的女兒」等，在這種情況下，就容易對稱讚懷有負面情感。

　　韓國有句俗諺「聽到堂兄買地就肚子痛」，指的是看到別人有好事，就忍不住眼紅和嫉妒。此外，也有人說「在窮困潦倒時安慰我的，是真正的好友；在飛黃騰達時祝賀我的，是難得的知己。」從這些俗諺可以發現，真心肯定、讚美他人，其實遠比想像的還要困難。究竟這些反應，背後藏有什麼樣的想法和情感呢？

阻礙稱讚的想法與情感

仔細觀察吝於稱讚他人的心境，首先浮現的是「羨慕」或「嫉妒」之類的情緒。然而，羨慕和嫉妒完全不同，前者是以「真好，我也想成為那樣的人」的想法為基礎，羨慕的對象會成為自己的嚮往或榜樣；反之，後者的焦點則放在其他方面，也就是拿自己和對方互相比較。例如「他比我更優秀，擁有的也比我更多」，在各種競爭與比較之下，形成甲、乙的不平等關係，或優越與劣等的位階秩序。接著，如果順著「我想要和我應該擁有的東西，都被那個人搶走了，因為他的關係，我才變得如此落魄」的想法發展下去，就會產生憤怒與剝奪感；如果覺得「我跟他比起來一無所有，真的很失敗」，就會加倍地感到挫折與愧疚。在這種情況下，對方成為了帶來傷害的威脅，因此，攻擊型的人會朝對方發動攻勢，而被動型的人，則會選擇避開對方或自我攻擊。比起稱讚他人的優點，嫉妒更讓人傾向指出對方的錯誤或不足，就像一起參加考試時，一個人合格、一個人落榜，兩人就會變得愈來愈疏遠一樣，出於嫉妒的行為，會對人際關係造成破壞。

假如對稱讚感到不自在，也有可能是礙於尷尬或恐懼的情緒。例如給予稱讚的話，對方可能會心高氣傲，習慣愈來愈差，或者因此變得怠惰……如果抱有類似的想法，就會對於稱讚他人感到不安與恐懼。

「關係親近的話，即使不用言語表達肯定與關愛，對方也一定能感受到」，基於這樣的想法，我們經常省略了稱讚。長此以往，對於表達愛意和讚美會更加生疏，並且漸漸覺得尷尬，最後以迴避、取笑或諷刺的方式來取代。

與來談者進行諮商時，很多人表示自己沒有得到父母的稱讚或肯定，對此感到相當委屈。此外，也有不少結婚多年的夫妻，吝於對彼此表達稱讚或感謝。夫妻、父母、家人或戀人等，愈是親密的關係，就愈是相信所謂的默契和心有靈犀。不過，用言語來代替揣測，可以降低雙方的緊張感，加深對彼此的感謝與信任，像黏著劑一樣讓關係穩定維持下去。

如果被負面的情感或想法拘束，或者完全不想稱讚他人，就沒必要違背自己的心意，強行給予他人讚美。為了讓稱讚能夠成為守護彼此的管道，首先我們必須擁抱並理解嫉妒、挫折、恐懼等負面情感與想法。嫉妒之類的情緒，是每個人都可能產生的自然情感，我們沒必要因此責怪自己。問題的癥結從來就不在於情感本身，而是我們用被動或攻擊性的溝通方式去處理。

如果察覺自己有負面情感，就當作是一種自我了解的機會，透過心靈日記找出隱藏在情感背後的想法吧！先嘗試和自我溝通，等做好心理準備後，再開始和他人交流。

接下來，讓我們透過下面的檢核表，進一步掌握吝於稱讚他人的心理圈套。

☐ 家人之間（關係親密的人之間）一定要明說嗎？就算沒講出來也應該要知道才對。

☐ 給予稱讚的話，對方會養成壞習慣，不僅有可能變得狂妄自大、趾高氣揚，說不定還會瞧不起我。

☐ 給予稱讚的話，對方會變得怠惰，要時刻上緊螺絲才行。

☐ 稱讚他人，就是承認對方比我優越、比我更有價值、更重要。

☐ 稱讚他人，就代表自己輸了。

難以接受稱讚的想法與情感

那麼，受到稱讚時的情況呢？在東方社會，當對方釋出善意時，婉拒幾次後再勉強接受是一種禮貌。同樣的，在受到他人稱讚時，急忙否定並自我貶低，才是一種謙虛有禮的行為。這種社會風氣，讓我們很難坦然地接受讚美。如果馬上就接受對方的稱讚，反而會被指責為「不夠謙虛、自大」，或者「沒有禮貌、缺乏概念」。

若以這種想法為基礎，被動型的人就難以接受他人的讚美，不僅會感到不自在，還會試圖自我貶低。即使對方給予誇獎或讚

許，他們也會刻意裝作沒聽見，或者以尷尬的笑容轉移話題。然而，如果在對方真誠地給予稱讚時，還過分地自我貶低，就有可能在無意中讓對方覺得被輕視，而不再是一種謙虛的表現。例如當某人稱讚我圖畫得很好，但我卻回答「只是隨便畫畫而已」；或者有人讚美我今天的衣服很漂亮，但我卻搖搖手說「今天完全沒打扮耶」，這些反應都會讓對方非常難堪。

那麼，攻擊型的人會有什麼樣的反應呢？他們無法單純地接受稱讚，反而會以諷刺或不耐煩的語氣挖苦道：「是啊，在你眼裡這樣算做得不錯吧？」這種情況，對方會因自己的好意得不到認可，內心受到創傷。

接下來，就讓我們一起看看無法坦然接受稱讚的心理圈套吧！

☐ 對方不是真心稱讚我，只是表面上做做樣子，別被騙了。
☐ 對方是有所求才會刻意吹捧我，一定有什麼陰謀或企圖。
☐ 對方不是認真的，只是在取笑我或挖苦我。
☐ 只是想讓我開心一下的客套話而已。
☐ 對方稱讚我，是因為自己也想被讚美，我必須以相同方式回報。
☐ 接受讚美的話，對方會覺得我不夠謙虛、驕傲自大，說不定還會嫉妒我或罵我。
☐ 對方會認為我把讚美視為理所當然。

◇◇ 如何以健康的態度面對稱讚

　　該怎麼做，才能以健康的方式接受或給予讚美呢？稱讚也屬於一種溝通技巧，接下來，就讓我們分別看看良藥型和毒藥型的稱讚，再進一步學習如何正確地讚美他人。

▌稱讚應該愈具體愈好

　　「黑色的洋裝好看，還是白色的洋裝好看？」敏靜和男友一起出門逛街，指著兩件衣服如此問道。

　　「兩件都不錯！」當然，男友的這種回答也是一種稱讚。「為什麼？兩件都很好看嗎？」敏靜笑著問。這時，男友再次回答：「哪來的為什麼，就都很好看啊！」接著，敏靜開始生悶氣：「算了，你一點也不感興趣吧？」兩人的對話瞬間冷卻。這樣的場面，是不是很熟悉呢？

　　抽象又籠統、缺乏具體反饋的稱讚，只會被視為膚淺的客套話，可以說是毒藥型的稱讚。在給予他人讚美時，最好具體地指

出優點，像是「黑色的洋裝充滿都會感，白色的洋裝看起來較華麗」。

反正都是稱讚，有必要做到這種程度嗎？其實，只要反過來想想自己受到稱讚的情境，就能理解為什麼要這麼做。當你穿著新衣服出門，或者剛換了新髮型，最想聽到的就是關於衣服和髮型的讚美。然而，如果對方的反應是「都很漂亮」、「你本來就很好看」，雖然一樣是稱讚，但內心多少會有些遺憾。

同樣的，孩子把在學校畫的圖拿給媽媽看時，與其稱讚他「畫得真好」，不如採取更具體的說辭。例如「你用了好多種顏色，畫面看起來豐富又有趣」，這樣的稱讚，就是能夠提高彼此自尊感的良藥。

▍不勉強自己給予讚美

面對稱讚，我們大致可以分得出來哪些是場面話，哪些是發自內心的讚嘆。假意的讚美，反而會帶來負面效果，所以最好不要勉強自己做出違心之論。虛情假意的稱讚，很可能讓對方覺得被嘲笑或諷刺，進而產生憤怒的情緒，氣氛也隨之變得尷尬。虛偽的稱讚是毒藥，發自內心的稱讚則是良藥。為了真誠地表達出讚美，聲音和表情必須維持平和，並且以適當的肢體語言為輔。

不給予浮誇的稱讚

稱讚他人時，盡量別過於浮誇，應該適度且切實。過分的稱讚等於毒藥，對孩子來說尤其如此。當孩子把在學校畫的圖展示給媽媽看時，如果媽媽以誇張的方式給予稱讚，「哇，這真的是你畫的嗎？你是天才吧！以後一定可以進藝術大學」，那麼日後孩子認清自己的實力時，自尊感就會瞬間跌落谷底。當類似的經驗不斷反覆，以後孩子就不會輕易相信自己獲得的稱讚，反而會覺得「又來了，每次都戲弄我」。若想培養均衡且堅實的自尊感，就必須客觀地掌握自身的優缺點，因此，我們在給予他人稱讚時，應盡量保持坦率，並維持適當的程度。

順著稱讚來延續對話

與聆聽技巧中的「誘導式回應」相似，在提問的同時為對話進行鋪陳。例如以稱讚做為開頭，「聽說你之前準備的考試通過了？恭喜你，真是太棒了！」接下來，可以具體地詢問對方：「你覺得用什麼樣的方式複習最有效？」、「之後有什麼計畫嗎？」藉此來讓對話延續下去。這種方式，可以避免雙方陷入尷尬，關係也能變得更親近。

根據情況給予讚美

給予稱讚時，務必考量到時間、場所和兩人的關係。例如對女朋友說「你的背影真漂亮」是一種誇讚，但同樣的話隨意對女同事說，會讓雙方變得極度尷尬。若對方是自己的下屬，還可能引發嚴重的問題。

稱讚應聚焦在行為上

前文曾經提到，批評時必須把人和行為分開，稱讚也是一樣。給予稱讚時，與其把焦點放在人身上，不如集中於對方的行為。舉例來說，如果稱讚對方「你數學考了一百分耶，你真聰明」，就像是在諷刺對方天生聰慧，不努力也沒關係。因為以成果為導向，所以稍有不慎，就會讓稱讚變成毒藥。把稱讚的焦點放在與生俱來的外貌或智商，相當於不認可對方努力的價值與過程，這種未聚焦在行為上的讚美，反而會削弱對方進一步成長的意志。誇讚他人時，應該更注重行為與過程，例如「你這次比之前更認真，拿到了很不錯的成績耶」，這種方式才屬於良藥型的稱讚。此外，也可以誇獎對方進步的部分，像是「數學成績比上次高很多，反覆訂正考題原來這麼有效」。

◇◇ 欣然接受稱讚的方法

　　稱讚就像一份令人驚喜的禮物，但如果落入了心理圈套，就很難懷著感恩的心情、坦然地收下這份禮贈。被動軟柿子型的人受到稱讚時，會像給他人製造麻煩一樣感到負擔和驚慌，覺得自己無論如何都要盡力回報。如此一來，對方也會感到不自在，導致氣氛變得尷尬。另外，受到稱讚時反而會生氣或諷刺對方的推土機攻擊型也一樣，最後都會讓對方手足無措。如果想坦然接受他人的稱讚，究竟該怎麼做呢？

▌懷著感恩收下稱讚

　　雖然聽起來像老生常談，但意外的是，有很多人無法以感恩的心收下稱讚。為什麼會這樣呢？送禮的人，總是希望對方能開心地收下禮物，稱讚也是一樣的道理。假設今天部長請吃午餐，芝賢覺得不好意思，內心倍感負擔，而鄭科長則帶著幸福的表情享用餐點，向部長表示感謝。兩種截然不同的反應，部長會對哪一種感到欣慰呢？

接受稱讚不等於虧欠

　　即使受到稱讚，也沒必要強迫自己給予同等的回報，甚至為此感到負擔。接受稱讚不等於虧欠人情，如果基於壓迫感而給予對方虛情假意的讚美，很可能會適得其反，使氣氛更加尷尬。

活用稱讚來延續話題

　　「這件大衣很適合你呢」，如果收到這樣的稱讚，接下來也可以就此繼續展開對話，像是「謝謝，這件是在耶誕促銷時買的，剛好打了很多折扣」。若尷尬地轉移話題，或者冷冰冰地反駁道：「沒有啊，我是因為看到打折才買的。」這樣的反應，可能會讓對方覺得你對這份「稱讚之禮」漠不關心，或者帶有否定的意味。活用稱讚來延續話題，不僅可避免冷場，還能讓溝通變得更順暢。

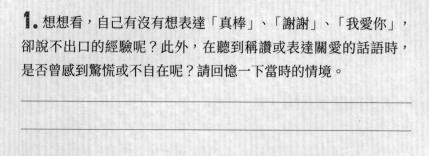

自我關懷

1. 想想看，自己有沒有想表達「真棒」、「謝謝」、「我愛你」，卻說不出口的經驗呢？此外，在聽到稱讚或表達關愛的話語時，是否曾感到驚慌或不自在呢？請回憶一下當時的情境。

_____

_____

_____

_____

2. 透過心靈日記，找出當下感受到的情緒，以及隱藏在情緒背後的想法。如果很難分辨自己落入何種心理圈套，可以用 P.253 檢核表輔助並加以記錄。假如察覺自己有負面的想法和情感，那麼就思考一下在當時的情境裡，自己做出了什麼樣的反應，該行為屬於哪一種溝通類型。

3. 從最容易實踐的情境開始，階段性地練習稱讚他人並接受稱讚，慢慢讓自己熟悉和適應。例如先選定易於相處的對象，然後參考前文的稱讚技巧，計畫在何時、何地給予稱讚，接著再具體地付諸實行。不妨從最簡單的「一日一稱讚」起步，依序提高次數和難度，反覆進行練習。調整難易度來加強實力的方法，將會在第十章中詳述。

第十章

◆

溝通技巧的
測試與強化

愛是恆久忍耐。
——《哥林多前書》

◇◇ 後退一步，再前進兩步

　　溫柔而堅定、友善但不懦弱，至今為止，我們探討了何謂不受他人擺布、自我守護的健康溝通，並學會了具體的實踐方法。接著，我們透過心靈日記的四道魔法，掌握自我溝通的技巧，找出了妨礙溝通的心靈圈套。然而，如果已經漸進式學過健康溝通的定義、原理和方法，卻還是反覆在關係和溝通裡受傷，那麼問題究竟出在哪裡呢？

　　原因就在於，大腦有清楚的認知，但內心卻還沒習慣；雖然對理論已經滾瓜爛熟，但無法實際付諸行動。若想打破思維慣性，真正地走向改變，就不能只停留在學習的階段，必須親身經歷並且反覆練習。否則，這些理論就無法真正與自己融為一體。

　　變化是一個可怕、陌生又緩慢的過程，如果長期付出努力，卻沒有獲得顯著的成果，也很容易讓人陷入低潮。「不知道該從哪裡開始」、「害怕踏出第一步」、「不管怎麼練習都沒有進展」，在自我關懷並追求改變的過程裡，有許多人吐露了這樣的煩惱。即便如此，只要不失去對自我的信任與勇氣，默默地澆灌心靈，總

有一天，挺立的花苞會迎來春天，綻放出美麗的花朵。

可是，光靠這些「別放棄希望、持續努力」的鼓勵，似乎難以撐過遙遙無期的寒冬，總有一種不切實際的空虛與茫然。鼓起勇氣在生活裡跌跌撞撞，但如果毫無章法與策略，最後好像只會落得遍體鱗傷。看著失去勇氣而躲起來的自己，也會更加地落寞與絕望。有沒有什麼具體的方法，能夠激勵自己堅持不懈地前進呢？除了勇氣與希望，我們還有一些不可或缺的東西。

對踏出第一步感到困難時

童年時期，我經常等太陽下山，在自家社區的巷子裡玩「撞鬼遊戲」。原本可以任意奔跑、玩耍的住宅區巷弄，在夜幕降臨後，就會成為各種鬼故事肆虐的靈異空間。看不見且無法控制的不確定性，會使熟悉的場所充滿未知，很容易就被恐怖占據。撞鬼遊戲的規則很簡單，四、五個孩子手拉著手並肩排成一列，接著扯開喉嚨大聲唱歌，從巷口一路往更深的巷弄前進。「勇敢、勇敢，鬼啊，你出來吧！」孩子們互相打氣，後退一步然後又往前兩步，就這樣不停地反覆。

有「膽量測試」之稱的撞鬼遊戲，當中其實蘊含著驚人的智慧。孩子們透過循序漸進的方式，學會了面對並克服恐懼，雖然

剛起步時很困難，但身體終究會習慣。此外，他們也很快會意識到，自己害怕的對象實際上並不存在，只是腦海中的想像而已。

嘗試並維持變化不是件容易的事，恢復和克服的過程也需要時間。幾十年來一直習慣把話藏在心底，現在突然要說出口，自然會感到彆扭、害怕或陌生。於是，我們失去自我等待的耐心，忍不住陷入急躁，對自己生疏、緩慢的模樣倍感自責，或者逼迫自己必須堅強，卻讓內在小孩獨自流浪。為了再次與他人緊緊相繫，我們需要以細心、有系統的方式，重新審視童年時期的智慧，也就是「漸進式強化練習」。把第一次學游泳的人推到太平洋中央，最後一定會失敗，學習溝通技巧時也是如此。接下來，就讓我們像爬梯子一樣，一步步熟悉溝通的訣竅吧！

▌第一步：掌握容易受擺布的情境

在什麼情況下，我們較容易受他人擺布呢？掌握確切的「人、事、時、地、物」，然後篩選出十～十五個需要練習的危機情境。假如想不起自己經歷過的危機情況，可以活用以下兩種方法：第一，透過第一章的危機狀況檢核表進行觀察；第二，透過日積月累的心靈日記來尋得線索。每當被負面想法或情緒動搖時，如果能寫下心靈日記，就很容易掌握自己是在什麼情況下受到影響。

以此為基礎，將危機情境製成簡單的列表，而這份清單，就是我們必須反覆挑戰和練習的課題。

第二步：製作漸進式強化列表

將篩選出的危機情境按照難易度排序，難度值最低30，最高100。這項數值，主觀地反映出挑戰各項任務時的不便與困難度，也是內心焦慮程度的指標。接下來，就讓我們以芝賢為例，實際製作看看漸進式強化清單。假如芝賢婉拒上司的聚餐邀約難度為60，要求同事不要過問私事的難度是70，那麼介於中間的強化項目，就可以標為65。

編列清單時，有幾點需要特別留意。首先，難易度是在挑戰之前所進行的主觀猜想，不可能也沒必要非常精確。大致標出來的難易度，只是為了要從負擔較輕的項目開始，依序往高難度挑戰，以及比較自己的焦慮程度在實踐前後產生什麼樣的變化。若順利完成挑戰，可能會覺得某些項目比預期的輕鬆或困難，因此這些數值隨時都可以修改。

難易度	強化的課題	實踐後的補充內容
95	當媽媽提出難以負擔的金錢要求時，勇敢地予以拒絕	
90	明確告知媽媽若總是在電話中情緒勒索，自己也會很難受，請媽媽不要這麼做	
	果斷地應對總是和他人比較，然後不斷抱怨或指責的媽媽	
80	拒絕弟弟或妹妹的借款請求	
70	要求同事別過問自己的私事	
65	要求組員一起分擔工作	
	因朋友的話感到受傷時，誠實地表達出負面情緒	
60	婉拒上司的聚餐邀約	
	生病時勇敢地使用病假或年假	
	取消和朋友的約會	
55	請鄰居晚上十點以後注意噪音	
	拜託朋友在下班的路上幫忙還書	

難易度	強化的課題	實踐後的補充內容
50	拒絕每次出差時都要求幫忙購買免稅品的姑姑	
	向同事請教不懂的業務內容	
40	停止勉強訂購的保健食品	
	減少對慈善團體的捐款	
30	婉拒街上發的傳單	

其次，表中難易度的起點不是0，而是從30開始，因為沒有困難度的項目，就不需要特別挑出來練習。自信的累積，來自於一層一層地克服難關，而「漸進式強化練習」的目標，就是要擺脫心理上的安全地帶，透過練習來習慣「適當的不自在」。列表上難易度30的項目，就是「不自在」的分界點。

第三步：從簡單的階段開始反覆練習

在第四章中提到的危機情境，是和同學們聚會喝酒時，秀英的話讓芝賢非常難過。當芝賢抱怨職場生活辛苦，自己得不到肯定時，秀英不僅沒有給予安慰，反而指責道：「是不是因為你惹到

誰，或者看起來好欺負？公司內部的權力鬥爭也很關鍵，但這些你不太懂吧？」

內心十分難受的芝賢，決定要和秀英見面，告訴對方當時自己有多傷心，把壓在心底的話吐出來。不過，「因朋友的話受傷時，誠實地表達出負面情緒」，在芝賢的列表上屬於難度65的項目。如今內心還有沉重的負擔感，所以芝賢打算從相對容易的課題開始，也就是難度30的「婉拒街上發的傳單」。

終於，實踐第一項課題的時間來了。在下班回家的路上，芝賢只要經過地鐵附近發傳單的攤位，就反覆地練習拒絕。一週之後，她發現剛開始婉拒傳單時，內心雖然不太舒服，但很快就會習慣，這項任務的難度似乎降到了20。

如果該項目的難度降到30以下，已經漸漸適應的話，就可以開始挑戰新的目標。芝賢的下一個課題，是難度40的「停止勉強訂購的保健食品」，以及「減少對慈善團體的捐款」。拒絕他人就會懷有愧疚感的芝賢，在月薪不充裕的情況下，依然向三個慈善單位定期捐款。此外，家裡還堆滿許多被強迫訂購的保健食品。這兩個項目，原本預想的難度是40，但真正實踐過後，她感覺難易度其實大約為30。

適應了這項目標的芝賢，開始繼續挑戰下一道課題，也就是難

度50的「拒絕每次出差時都要求幫忙購買免稅品的姑姑」。假如對象是經常見面、關係更親的阿姨，難易度可能會是60，但姑姑的請託，難度大約在50左右。就像爬樓梯一樣，以上述的方式，依序挑戰表列的各項目標。

實踐強化課題後，如果有學到或需要改善的地方，請在「實踐後的補充內容」欄位中填寫。例如第一次嘗試難度30的任務後，芝賢將焦慮數值分為實踐的前、中、後進行填寫。

30	婉拒街上發的傳單	**執行課題的焦慮數值** ＊執行前：30%，執行中：20%，執行後：10% 1. 執行前焦慮指數最高，執行時有所減少，執行後焦慮解除。 2. 我學到了付諸行動，焦慮指數反而會減少。 3. 我好像比想像中更擅長拒絕。

芝賢原本覺得，拒絕後焦慮會上升到無法控制的狀態，但實際付諸行動後，才發現焦慮感不僅減少，而且很快就會穩定下來。此外，她也對自己產生了信心，發現自己比想像中更擅長拒絕。這樣的任務不會只實行一次，芝賢反覆練習同一項課題，直到完全熟悉為止，而這段期間也不停累積自信。

強化練習需注意的事項

強化練習有幾點需要特別留意。第一，不能跳著練習，必須按照表定順序實踐，充分地練習直到熟悉為止。即使難度30的課題降到20，也不要立刻挑戰難度60或70的項目，應該依序執行下一階段的目標。

第二，若碰到某些情境難以重複，可以將難度相同的其他任務或類似情境綁成一組，反覆進行練習。例如「拒絕每次出差時都要求幫忙買免稅品的姑姑」，芝賢不可能為了練習這個項目而增加出差次數，或者刻意誘導姑姑提出請求。在這種情況下，就可以練習其他被分到同一階級的課題，像是「向同事請教不懂的業務內容」。

第三，必須認知到面對各階段的危機情境，自己都一定會感受到「適度的焦慮」。很多人一想到心理治療，腦海中浮現的經典場面，就是坐在沙發上輕鬆地交談。然而，認知行為心理治療不會只侷限在溫暖的安慰，還會包含一些不自在的過程。為了面對自己最真實的創傷，在治療過程中，會透過縝密和系統性的規畫，漸進式地引導患者克服某些心理障礙。由於治療時需要來談者積極地參與，並擁有追求改變的意志，因此，認知行為心理治療不僅是「談話治療」（Talking Therapy），更接近於「行動治療」（Doing

Therapy）。請務必記住這一點，並且適時地向周圍的人求助，給自己足夠的鼓勵。就算只是一點小小的成就，也要懂得自我犒賞，找到繼續前進的動力。

◇◇ 難以邁開步伐時，不妨先測試看看

俗話說「好的開始，是成功的一半」，不管面對什麼事，起步都是最困難的階段。有時我們根本還沒展開強化練習，就因為害怕失敗而裹足不前，或者在一步步往上爬的過程裡，也會因為對下一次的挑戰充滿恐懼，忍不住產生放棄的念頭。長期以來，一直無法把心底的話說出口，總是被他人牽著鼻子走，所以不禁擔心：「是不是真的可以實話實說？」這時，難道只要催眠自己「我做得到，加油」，硬著頭皮前進就好了嗎？

其實，我們不該急於驅散或戰勝焦慮，而是要擁抱它們一起前進。無條件地告訴自己「做得到」、「加油」，是不可能真正獲得力量的。最重要的步驟，應該是充分傾聽內心的擔憂和恐懼，探尋其本質。例如用「原來，我的心感到憂慮和害怕，要不要踏出去看看實際情況呢？」這樣的方式，安慰擔驚受怕的內在小孩，並且給予共鳴。

想像一下，在吃不喜歡的食物，或一次都沒嚐過的料理時，我們通常有什麼反應？看著盤子裡的食物，對未知的味道感到害

怕：「如果是我討厭的味道怎麼辦？會不會太鹹、太苦或太酸？」這時，最好的方法就是不要一下子把食物大口放進嘴裡，而是先舀一點嚐嚐看味道。「漸進式強化練習」也是相同的道理，在不敢邁出步伐時，如果能「稍微測試」看看，那麼就算被恐懼的陰影籠罩，好奇心也會像太陽一樣帶來光芒。那麼，究竟該「怎麼做」，才能與焦慮的情緒和平共處，而不是硬逼自己鼓起勇氣，直接面對恐懼呢？

第一步：為溝通訂立計畫

如果列表中有基於擔憂和恐懼，忍不住想迴避的課題，那麼就先擬定具體的溝通計畫，亦即何時、何地、和誰、如何進行溝通。在第五章裡，我們探討過健康果斷型的說話技巧，並提到根據情境的不同，表達語氣也要有所區別。在溫和與果斷之間，有時 5：5 的比例是恰當的，有時 2 分溫和加上 8 分果斷，才是更有效的配置。配合各種危機情境，活用至今為止學到的基本與進階溝通技巧，訂出最有效的計畫來傳達訊息吧！

對芝賢來說，「因朋友的話受傷時，誠實地表達出負面情緒」是難度 65 的課題。在執行這個階段的任務之前，她從難度低的挑戰開始，一步步過關斬將；如今，終於準備好平靜地對秀英說出自

己的心聲。

至今為止，芝賢面對危機情境時，反覆使用「假裝無所謂，一笑置之」的戰略，屬於被動型的溝通方式。這次，決定再次約秀英見面的芝賢，擬定了什麼樣的計畫呢？按照何時、何地、何人、何事、如何五大原則，就可以事先訂出溝通策略。

刻意大吐苦水或微妙地展開反擊，都不是健康的溝通方式，無法擺脫既有的被動型態。假如芝賢硬要追究「你到底為什麼說那種話」，秀英就會採取防禦架勢，開始為自己的行為辯解。把秀英的話視為攻擊的芝賢，若急於反駁：「我沒有不懂得審時度勢，在公司也不是看起來好欺負啊！」最後也會產生問題。因為對話極可能偏離主軸，變成芝賢在公司軟弱與否的攻防戰。此外，「比起公司內部的權力鬥爭，我覺得真正的實力和努力更重要」，這樣的討論，也不是芝賢想傳達的重點，無法讓對方理解自己受傷的心境，只會導致對話不斷在原地打轉。因此，新的溝通計畫，應該以「我」做為主語，傳達出自身的情感、想法與要求。

溝通計畫書（何時、何地、何人、何事、如何）

週六下午兩點，在大學路的咖啡廳，詢問秀英上次說的話是什麼意思，然後告訴她我因為那些話覺得難過與受傷，希望以後碰到類似的情境，不要急於提出建議，而是先給予溫暖的安慰。

制定溝通計畫（現有的溝通習慣→新的對策）

❶ 現有的溝通習慣

假裝無所謂，一笑置之；轉移話題；壓抑情感而不表現出來；極力辯解然後避開見面，和對方斷絕往來。

❷ 新的對策

用溫和果斷的態度說話；暫停與反問；先認同，再反駁；以「我」為主語來表達情感／想法／需求。

- **前置準備：**挑選空閒時間，和秀英約在咖啡廳見面，先聊一些輕鬆的日常話題。
- **第一階段：**不要馬上做出反應，告訴自己「等一下」，暫停並反問對方（參考第八章）：「秀英啊，上次你說的那些話是什麼意思呢？」
- **第二階段：**部分認同對方的話，製造緩衝空間，然後把自己想說的話說出來。（參考第八章）此時，記得以溫和但堅決的「健康果斷型」態度發言：「你說的沒錯，公司內的權力鬥爭也很重要（一次緩衝：認同基本的原則），我有時也表現得不夠自信。（二次緩衝：承認部分內容）」
- **第三階段：**以「我」為主語來表達情感＋想法＋需求（參考第五章）：「可是，我聽到你說那些話，內心覺得很難過。（以『我』為主語來表達情緒）這陣子沒有一件事順心，我本來就很自責，覺得問題出在自己身上。（以『我』為主語來表達想法）我知道你是為了我好才提出建議，但現在的我需要的是安慰。（以『我』為主語來傳達需求）」

第二步：觀察內心的憂慮和恐懼

至今為止，芝賢之所以一直保持被動的態度，其中一項原因就是害怕自己說出心裡話，很可能招來無可挽回的後果。在嘗試新的溝通方式時，內心的恐懼是非常自然的情感。為了剖析擔憂與恐懼的本質，在第二階段，我們將嘗試讀懂內心的想法。「如果按照新的溝通模式行動，會發生什麼可怕的事呢？」請把自己想到的狀況全部寫下來。

剖析擔憂與恐懼：
如果害怕說出心聲，就試著把內心的顧慮與擔憂寫下來。

如果我講不好怎麼辦？到時候太緊張的話呢？假如我控制不住情緒，突然激動或暴走怎麼辦？旁邊的人會不會用異樣的眼光看我？情況如果愈來愈尷尬怎麼辦？如果我收拾不了殘局怎麼辦？秀英會不會很難過？萬一她覺得我心胸狹隘、性格敏感怎麼辦？秀英如果生氣或反駁的話呢？會不會最後我反而有口難言，只有被罵的份？和秀英從此絕交，或關係變得非常僵怎麼辦？

仔細觀察芝賢的思緒流動，就會發現她的擔憂接二連三，而且愈來愈極端，最終導向最壞的情況。若不立即採取行動，放任擔憂在腦海中不斷重播，就會覺得這些想像恍若現實。

品嚐食物時，每個人都會根據主觀做出判斷，有些人覺得太鹹、有些人覺得調味恰到好處，沒有一定的標準。溝通計畫也是

一樣，如果想確認自己擔憂的事會不會發生，就需要盡可能以客觀的角度來觀察測試後的結果。

讓我們來看看「秀英會不會很難過」這項擔憂吧，芝賢相信該情況發生的機率大約為百分之八十──但是，怎麼才能知道秀英是不是感到難過呢？在內心充滿擔憂的情況下，溝通的過程只會不斷察言觀色，只要發現對方有一點不對勁，就會堅信自己的直覺無誤，然後往負面的方向思考。這種時候，可以試著不要猜測對方的情緒，而是先把對方傷心時的言行表現列出來，例如「秀英難過時，會突然垂頭喪氣，刻意迴避視線或不講話」。不妨在自己的擔憂後面加上括號，把這些具體的言行事例補充進去，如此將有助於溝通的進行。

▍第三步：觀察測試的結果

芝賢擔心的情況，真的發生了嗎？我們來看看。

「秀英說她覺得我看起來很辛苦，只是想為我打氣而已，沒想到自己說錯了話。她沒有任何傷害我的意圖，並且真心向我道歉，也給了我安慰。」此外，秀英的話雖然有點變少，表情和姿勢也看起來有些沮喪，但與先前預想的情況不同，她沒有反駁或迴避視線，也沒有著急地離開。

就像這樣，在觀察測試結果時應盡量排除主觀意見，客觀地進行描述。讓我們以同樣的方式，觀察看看其他擔憂的實際結果吧！

> **觀察結果：**
> **原本擔憂的事真的發生了嗎？請觀察並寫下擔憂的實際情況。**

我擔心秀英會不會傷心或生氣，但實際上沒有發生這樣的事。她覺得我看起來很辛苦，只是想為我打氣而已，沒想到說錯了話。她沒有任何傷害我的意圖，並且真心向我道了歉。秀英的話雖然有點變少，表情和姿勢也看起來有些沮喪，但她沒有反駁或迴避視線，也沒有著急地離開。

第四步：解析測試的結果

最後一個階段，是將步驟三的客觀結果，以主觀方式解讀並得出結論。請回答以下四道問題，反思在此次經驗中學到的事物：

① 我擔心的情況實際上真的發生了嗎？我在擔憂中學到了什麼？

② 對於恐懼，你學到了什麼呢？請試著把測試前、中、後的焦慮指數寫下來。（例如：前65％、中40％、後20％）

③ 假如對自己有了新發現，就試著寫下來吧！透過這次經驗，我對自己的應對能力有哪些體悟呢？

④ 除了以上這些，還有沒有學習到什麼？

結果解析：如何解讀嘗試後的結果？

❶ 我擔心的情況，實際上真的發生了嗎？我在擔憂中學到了什麼？

擔心的情況幾乎沒有發生。我所擔憂的事，發生的機率好像都很低；我發現自己腦海中的想像，可能遠比實際情況更悲觀。

❷ 對於恐懼，你學到了什麼呢？請試著把測試前、中、後的焦慮指數寫下來。

前80%、中70～30%、後30%（最大值為100%）

在開啟對話之前，焦慮感高達80%，但在溝通的過程中，焦慮感慢慢降到了70%，秀英向我道歉、給予溫暖的擁抱時，則減少到30%。

我學到不迴避尷尬的情況，直接面對面溝通，焦慮指數反而會降低。焦慮未必只會直線上升，有可能稍微降低之後，逐漸趨於穩定，或者慢慢地減少。每次重複練習相同的課題時，都會發現自己的焦慮感逐漸降低。

❸ 假如對自己有了新發現，就試著寫下來吧！透過這次經驗，我對自己的應對能力有哪些體悟呢？

雖然有些尷尬，但還在可忍受的範圍，而且我應對得很好。其實我也能沉著、冷靜地說出自己想說的話，但過去這段時間，我好像一直沒給自己學習的機會。如今，對於心中的負面情緒，我也開始有自信能夠表達出來。（信心積分從10%提升到35%）

❹ 除了以上這些，還有沒有學習到什麼？

我學到忍耐並不能解決問題，誠實地表達心聲，關係反而會更加穩固。在溝通的過程裡，很可能在對方身上發現新的優點。藉由這次經驗，我察覺秀英溫暖的一面，但願我能以更開闊的心對待朋友。

「我擔心的情況大多沒有發生，雖然中間一度變得尷尬，但並沒有上演最壞的劇本，還在可以忍受的範圍內。如果沒有實際付諸行動，只是一直擔心的話，焦慮感好像會暴增到無法控制的狀態。在與秀英見面之前，我的心裡其實很害怕，但真正開始對話後，感覺內心慢慢地平靜下來。現在的我也逐漸產生自信，覺得自己在應對時比想像中更沉著，內心也變得更加堅強。此外，我也發現忍耐並不能解決問題，當我以健康的方式表達出心聲，關係反而變得比以前穩固。而且，透過這次經驗，才發現秀英也有我未曾察覺的溫暖的一面。」芝賢如此說道。

透過練習而得出的結論，也許就是對自己、關係或生活的全新發現。

◇◇ 遭遇問題時，別忘了活用訂正筆記

這裡還有一個問題，假如測試的結果並不如所願呢？這時，如果主觀解析的部分是問題所在，那麼就必須重新審視自己的想法；假如像食物燒焦了一樣，客觀事實的部分不如人意，那麼就要透過「嘗試錯誤」來加以學習。解決失誤也有所謂的技巧，每個人都需要一本「訂正筆記」。難以跨出第一步時，應對的訣竅在於嘗試；而遭遇問題時，訂正筆記能幫助我們找到解決方案。

我們都曾經寫過習題本，若想增進實力，除了要反覆練習解題，還要仔細地整理訂正筆記，從錯誤中學習。如果漏掉這個步驟，不僅會重複犯下相同的錯，還會因為實力沒有進步，內心倍感挫折，甚至產生放棄的念頭。

假如實際測試造成了負面的結果，就先檢查看看問題出在哪裡。例如：

✦ 情境的設定與新的溝通計畫是否恰當？
✦ 對於自己擔心和害怕的心情，是否有充分的理解？

✦ 執行的過程裡，是否下意識按照既有的溝通習慣做出反應？

✦ 有沒有對結果進行客觀的觀察？

✦ 自己主觀的解讀是否合理？

如果各階段有需要修正的部分，就反應在下一次的測試裡，鼓勵自己透過嘗試錯誤加以學習。為了跳脫「我果然做不到的」想法，重新思考「如何解決問題」，接下來，就讓我們看看訂正筆記的使用方法吧！

▌第一階段：解讀心境

當測試出現負面結果時，首先要對折磨自我的想法和情緒進行解讀。假設芝賢按照訂好的計畫，冷靜地向秀英傳達了心聲，但情況卻不如預期。「當時沒有任何反應，現在才突然說這些？為什麼你總是那麼敏感？講得好像我在責備你一樣。你每次都假裝善良，一副受害者的樣子，然後把我誣陷成壞人。」秀英在一連串的反擊後，站起來轉身就走──芝賢擔心的情況果然發生了。

有時，溝通的過程不如想像中順利，這種情況會讓我們更加畏縮，甚至用消極的想法自我折磨。像是「只要我忍下來就好了」、「因為我的關係，秀英好像受傷了」，對此感到後悔和自責。如果心生埋怨，「明明你該說的、不該說的都說了，憑什麼指責我，

真是自私」，就會忍不住陷入憤怒；假如一直想著「我果然做不到」，則會嚴重地面臨挫折。此外，一想到自己「失去了朋友」，就會浮現悲傷和失落的情緒。把這些想法和情感，都記錄在訂正筆記裡吧！第一階段的解讀心境，與先前學過的利用心靈日記分析情境、想法與情感，有部分的過程相同。

1.解讀情境

> **情境：當測試出現負面結果時，請客觀地描述當時的情況，**
> **在何時、何地、和誰、發生了什麼事情。**

週六下午和秀英約在咖啡廳碰面，針對她上次在聚會時說的話，我盡量保持平靜，向她再次確認其中的涵義。「我本來就覺得是不是自己有問題，沒想到連你也那麼說。雖然我知道是出於好意，但聽完還是覺得很傷心。希望以後碰到類似的情況，你能給我安慰而不是建議。」我對秀英如此說道。原本期待秀英能理解並認同我的感受，但她生氣地表示：「為什麼現在才說這種話？明明是你的個性太過敏感！」然後就起身走掉了。

2.解讀情感

情感:回想當時的心情有多難受,剖析內心的情緒。

❶ 專注於內心的情感與身體的感覺,然後為自己的情緒命名,並測定其濃度。可以參考情緒詞彙列表或觀察身體的反應,找出合適的情緒詞彙。

情緒 1 慌張 80%　　**情緒 2** 丟臉 70%　　**情緒 3** 後悔 75%
情緒 4 罪惡感 90%　**情緒 5** 憤怒 70%　　**情緒 6** 不安 80%
情緒 7 難過 65%

❷ 選擇最接近自身情感的色彩,依據各項數值在圖表中上色。

❸ 哪些身體部位有異常反應呢?請仔細觀察身體各部位的反應,然後與相關的情感做連結。

身體反應 1 冒冷汗、全身僵直的感覺:慌張
身體反應 2 覺得自己變得渺小,耳朵和臉頰發燙:丟臉

身體反應3 自然地發出嘆息，胸口有空氣流散的感覺：後悔
身體反應4 胸口像被沉重的石頭壓著一樣：罪惡感
身體反應5 後頸部僵硬，血壓上升的感覺：憤怒
身體反應6 口乾舌燥的感覺：不安
身體反應7 鼻酸和喉頭哽咽的感覺：難過

3. 解讀想法

想法：感受到這些情緒時，腦海中有什麼樣的想法？請把它們寫下來。

為了解讀隱藏在情感背後的想法，請仔細傾聽並記錄自己的心聲，切勿操之過急。

- **想法1**：突然發生自己不樂見的情況，不曉得該怎麼辦。
- **想法2**：周圍的人好像會用異樣的眼光看我。
- **想法3**：像平常一樣笑著帶過就好，不應該對秀英說這些的。
- **想法4**：秀英好像因為我受到了創傷。
- **想法5**：（自我責怪）就是因為這樣，我才會沒朋友，都是我的錯。
- **想法6**：（責怪對方）明明秀英自己也有做錯，每次都只怪我，真的很自私。
- **想法7**：以後秀英可能會對我抱持負面觀感，徹底和我斷絕往來。
- **想法8**：相識多年的好友，友誼似乎就此畫下了句點。

* 除此之外，若還有其他想法，也請試著全部寫下來，並盡量將疑問句或感嘆句轉換為敘述句。

第二階段：對自己提問

解讀並記錄好自己的想法與情感，接下來，就選出其中最讓自己感到心煩的一項。對芝賢來說，最煎熬的部分在於「都是我的錯，秀英因為我而受傷了」。這個想法真的正確嗎？無論全對或只有部分合理，這樣的想法能實際帶來幫助嗎？讓我們一起試著回答下面五道提問，製作訂正筆記吧！

① 合理性

「秀英受傷都是我的錯，對方的情感必須由我來負責」，這樣的想法真的合理嗎？假如全是我的錯，那理由是什麼呢？如果不是，原因又出在哪裡？我的想法會不會有錯？自己的想法不一定永遠是對的，有時也可能欠缺合理性。不過，這並不代表我是個壞人。若必須為秀英的情緒負責，請算算看自己的行為有多少責任，用數字寫下來吧！

② 效用性

假設「秀英受傷都是我的錯」，或者「有一部分是我的錯」，那麼，重複咀嚼這樣的想法，對我是否有幫助？如果繼續自責下去，對我以後的想法、情感與行為，會產生什麼樣的影響？這個

想法，能幫助我勇於說出心聲，建立健康的關係嗎？我的生活品質會受到怎樣的影響？假如考慮到為此付出的「機會成本」，這個想法真的有保留的價值嗎？

③ 轉換立場

我們經常是別人的優秀顧問，在處理自己的問題時卻手足無措。假如朋友和我處於相同的情況，且同樣深深地感到自責，我會對朋友說些什麼呢？這些話是不是也能用在自己身上？

④ 鳥瞰

讓我們展翅高飛，成為在空中俯瞰一切的小鳥吧！假如以廣闊的視野從遠處看待事件，並考慮到整體脈絡，想法會不會有所不同？只擷取秀英生氣離席的片段，或者掌握整起事件的前因後果，會讓想法產生極大的差異。秀英站起來走掉，背後說不定另有原因──以這種角度來看，事件有沒有可能產生其他解釋，而不完全是我的責任？

⑤ 瞬間移動與時光機

如果時間與地點不同，我還會認為全部都是自己的錯嗎？七十歲的我，仍然會把他人的情緒攬在身上，認為自己應該全權負責

嗎？那麼，七十歲的我，會對三十歲的自己說些什麼呢？受到創傷的六歲孩子，在封閉的家庭關係裡會習慣自我譴責：「都是我的錯，我是個壞孩子！」而這樣的被動式行為，是不是仍在三十歲的人生中重複上演呢？如今三十歲的我，可以對六歲時的自己說些什麼？當時深信不疑的真理，現在也依然沒有改變嗎？或者，此時此刻認為對的事，轉換到其他時空也一樣嗎？

> **檢視想法：挑選出最讓自己感到心煩的想法，並將它寫下來。**

秀英受傷都是因為我。

> **試著回答下列五個問題，衡量看看這個想法是否合理，
> 以及對自己是否有益。**

❶合理性
這個想法百分之百沒有錯，因為⋯⋯
- 秀英是基於擔心才說那些話，但我卻因一些微不足道的問題，去計較自己的情緒有多難受。
- 因為我個性敏感，所以才會在話裡挑刺。
- 秀英說的沒錯，事件發生時我沒有即刻反應，怎麼可以現在才表示不滿。
- 根本的原因出在我身上，所以秀英生氣地離開了。

這個想法完全不對，因為⋯⋯
- 我有權表達自己的不快，而且並沒有指責或追究的意圖。
- 如果秀英覺得受傷，代表她以負面角度解讀我的話，那麼秀英自己也有責任。

- 秀英也有選擇權，她可以用其他角度解讀我的話，但她並沒有這麼做。同樣的，她也可以選擇不以指責或攻擊性的態度做反應，但她還是這麼做了。
- 秀英受傷的情緒和攻擊性行為，責任有可能在於我（10%），因為我是引發問題的主要人物。但從根本上來看，責任還是在於秀英自己（60%）。談論不舒服的情感，本身就不是一場愉快的對話（10%），而秀英目前承受的職場壓力，可能也是她受傷的原因之一（20%）。

❷ 效用性

把秀英的情感和行為都歸咎到自己身上，這種想法就算沒有錯，對我也沒有任何助益。這樣的思維，會導致我無止境地自我攻擊，並且產生憂鬱感和罪惡感，在情緒上付出極大的成本。此外，我的情感狀態會變得依賴，只要一想到身邊沒有朋友，就會覺得孤單和寂寞。因為感受到壓力，所以晚上很可能睡不好，或者飲食出現不規律的情形，不僅會破壞原有的健康狀態和生活步調，還會對工作造成影響。在其他方面亦會產生衝擊，隨著與他人的溝通漸漸減少，沉迷社交軟體的時間會變長，進而心生嫉妒或感到自卑，有時也可能衝動地購買一些根本不需要的物品。在逃避人際關係的同時，也會面臨失去其他朋友的危機，自己切斷所有練習溝通技巧的機會。最終，隨著自信感下降，各方面「受損」的情形，至少會持續兩週左右。直接和間接的損失，再加上「修復費用」等，如果為這個想法列一張損平表，赤字至少超過二百萬韓圓（約台幣四萬七千元）。

❸ 轉換立場

（假如是敏靜和秀英之間的事，我可以對自責的敏靜說）你也有表達情感的權利，你已經盡力了，不完全是你的錯。如果秀英能用不同的角度解讀你的話，一定不會那麼難過；或者就算感到傷

心，也能以不同的方式行動。選擇什麼樣的想法與行為，責任終歸在秀英身上。

❹ 鳥瞰

聽另一位朋友說，秀英現在因為工作壓力變得很敏感，而且經常和家人吵架。仔細想想，秀英最近好像不只對我有攻擊性。此外，過去與秀英的相處，我總是扮演著配合她、聽她訴苦的角色，習慣我表現出被動態度的秀英，可能會覺得我的變化過於突然，或者對我的期待有所幻滅。

❺ 瞬間移動與時光機

目前的我們都正在經歷艱難的時期，假如處境不同，或許就能像以前一樣互開玩笑，靈活地應對。七十歲的我，可能會告訴自己：「也許現在的你認為這個想法沒有錯，相信眼前的痛苦會持續到永遠，但時間一長，就會發現事實和你想的不一樣。」站在人生這趟漫長旅程的尾端，我會告訴三十多歲時的自己，一定要把重要且具有價值的事物擺在首位。此外，在活出自我的過程裡，偶爾犯了錯也無妨，比起還沒嘗試就舉手投降，鼓起勇氣踏出去的自己真的很棒。關係原本就處於浮動的狀態，有時近、有時遠，而一段關係的距離，可以由我來做出選擇。「都是我的錯」這句話，只是受傷的內在小孩渴望擁抱的信號，因此我想告訴自己，這句話並不完全正確，現在的我需要安慰，懂得擁抱自我非常重要。六歲時的我，為了不傷害媽媽的情緒，所以選擇自我責備、懇求原諒；如今，三十多歲的我已不必再這麼做，我想告訴自己：「現在的你有更多選擇，而且也變得更堅強了。」

第三階段：重新解讀結果

訂正筆記的最後一個階段，是整理問題的答案，重新對結果進行解讀。回答完前面五個問題的芝賢，最後得出什麼樣的結論呢？讓我們來思考一下各階段的總結，以及該採取什麼樣的對策較為合適。

「原因不完全出在我身上，我已經盡了自己最大的努力，但結果不可能永遠都符合期待。雖然很可惜，但秀英好像還沒做好溝通的準備。情感終究屬於個人領域，秀英的情緒，還是要由她自己負責。假如我繼續自我攻擊，只會不斷被愧疚侵襲，導致自尊感愈來愈低。若經歷一次的失敗，就對溝通喪失信心，表現得畏畏縮縮，繼續採取被動態度的話，對我和人際關係都沒有幫助。經過這次事件，我學會了即使情況不如預期，也不要一味地責怪自己。為了維持健康的關係，秀英和我……應該要暫時保持適當的距離。無論關係多親密，彼此都還是要留有空間。此外，只要秀英願意，我隨時都做好了溝通的準備。」

> **結論與對策：思考過後，得出什麼樣的結論？**
> **應該選擇哪一種應對方式呢？**

❶ 結論：什麼樣的想法，才是對自己最有幫助的均衡思考。

把秀英的想法、情感和行為都歸咎在自己身上，不僅缺乏合理性，也沒有任何的幫助。這種想法，是我因過去的創傷所產生的思維慣性，責怪或追究其實無濟於事。追根究柢，每個人想法、情感和行動的主體都是自己，而且也必須為此承擔相應的責任。雖然我盡了最大的努力，但人生有時就是會出現自己不樂見的結果，這個部分是我無法掌控的領域。

❷ 對策：我需要和想要的是什麼呢？假如可以選擇，怎麼做才會對我最有幫助？雖然這次碰到了負面結果，但有沒有哪些部分，是我日後可以改進或學習的？

溝通之門永遠敞開，但為了維持適當的距離，我希望讓彼此冷靜一段時間。假如秀英和我聯繫，我會以溫和但堅決的語氣傳達這句話。

一步步累積溝通技能的芝賢，雖然現在還無法面面俱到，但在表達自己的心聲時，不會再對未來感到焦慮，也不會因過去的創傷而陷入憂鬱。現在的芝賢，能夠察覺並打破不必要或過於僵化的生活理念，即使表現得不完美，她也能適當地自我安慰，告訴自己「這樣已經很棒了」。此外，她亦相信內在力量足以撐過各種困境，在逐步克服考驗的過程裡，漸漸蛻變為成熟的大人。

我們很容易按照舊有的方式去思考、感受或行動，因為思想、

情感和行為都會養成習慣。幾十年來固定或僵化的思維,不可能在一朝一夕扭轉。第一次接觸鋼琴的人,每週上一次課,幾個月後就能像鋼琴家一樣熟練地彈奏嗎?如果沒有額外的練習,很難期待在短時間內突飛猛進,且一旦養成錯誤的演奏習慣,也很難一下子改掉。溝通亦是相同的道理,為了鞏固新習得的技巧,需要持續地練習與嘗試錯誤。偶爾犯錯沒關係,速度慢一點也無所謂。不必催促自己,只要耐心地等待和給予信任,按照自己的步調前進就好。

1. 測試與強化，是重新發掘生活、關係與自我的變化過程，能夠幫助我們成為「最理解自己的專家」。最後一週的自我關懷，將綜合至今為止學到的溝通技巧，透過測試與強化來進一步練習。請參考前文芝賢的案例與漸進式強化列表，試著製作屬於自己的挑戰清單。不妨每週以一個階段為目標，然後挑選出需要加強的部分反覆練習，也可以根據自己的速度做調整。

難易度	強化的課題	實踐後的補充內容
30		焦慮指數 前： 中： 後：

2. 如果對某項課題感到害怕而不敢開始，請另外寫在「測試」的學習單上。最重要的部分，在於解釋結果的階段，以及在過程中有所學習和領悟。即使經驗豐富，也難免會犯下錯誤，因為現實不可能完全按照計畫發展。這時，我們必須活用訂正筆記，找出嘗試錯誤中值得改進的地方。

① 為溝通訂立計畫

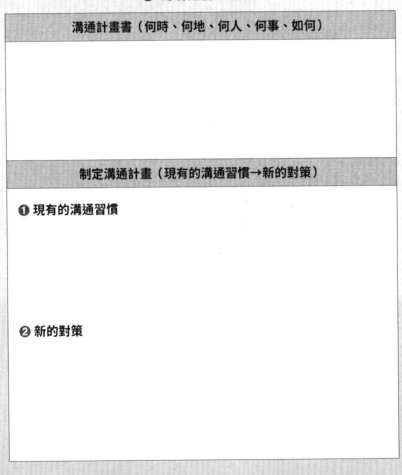

② 觀察內心的憂慮和恐懼

**剖析擔憂與恐懼：如果害怕說出心聲，
就試著把內心的顧慮與擔憂寫下來。**

③ 觀察測試的結果

**觀察結果：原本擔憂的事真的發生了嗎？
請觀察並寫下擔憂的實際情況。**

④ 解析測試的結果

結果解析：如何解讀嘗試後的結果？

❶ 我擔心的情況，實際上真的發生了嗎？我在擔憂中學到了什麼？

❷ 對於恐懼，你學到了什麼呢？請試著把測試前、中、後的焦慮指數寫下來。

前＿＿＿％、中＿＿＿％、後＿＿＿％（最大值為100％）

❸ 假如對自己有了新發現，就試著寫下來吧。透過這次經驗，我對自己的應對能力有哪些體悟呢？

❹ 除了以上這些，還有沒有學習到什麼？

3. 鼓起勇氣測試新的溝通計畫，最後卻迎來了負面結果，這時，我們很容易陷入「我就知道會這樣」的思維，重新回到既有的溝通習慣。就算結果是負面的，也不一定要用負面的視角來解讀。與其一味地自我攻擊，不如透過訂正筆記找出值得改進的地方，傾聽鼓勵和支持的聲音。

① 解讀心境

情境：當測試出現負面結果時，請客觀地描述當時的情況，在何時、何地、和誰、發生了什麼事情。

情感：回想當時的心情有多難受，剖析內心的情緒。

❶ 專注於內心的情感與身體的感覺，然後為自己的情緒命名，並測定其濃度。可以參考情緒詞彙列表或觀察身體的反應，找出合適的情緒詞彙。

情緒1 ＿＿＿（ ＿＿＿ %）　情緒2 ＿＿＿（ ＿＿＿ %）　情緒3 ＿＿＿（ ＿＿＿ %）

情緒4 ＿＿＿（ ＿＿＿ %）　情緒5 ＿＿＿（ ＿＿＿ %）　情緒6 ＿＿＿（ ＿＿＿ %）

❷ 選擇最接近自身情感的色彩，依據各項數值在圖表中上色。

情緒 1

情緒 2

情緒 3

情緒 4

情緒 5

情緒 6

❸ 哪些身體部位有異常反應呢？請仔細觀察身體各部位的反應，然後與相關的情感做連結。

身體反應1 ＿＿＿＿＿＿＿＿＿＿＿＿＿＿＿＿：＿＿＿＿

身體反應2 ＿＿＿＿＿＿＿＿＿＿＿＿＿＿＿＿：＿＿＿＿

身體反應3 ＿＿＿＿＿＿＿＿＿＿＿＿＿＿＿＿：＿＿＿＿

身體反應4 ＿＿＿＿＿＿＿＿＿＿＿＿＿＿＿＿：＿＿＿＿

身體反應5 ＿＿＿＿＿＿＿＿＿＿＿＿＿＿＿＿：＿＿＿＿

身體反應6 ＿＿＿＿＿＿＿＿＿＿＿＿＿＿＿＿：＿＿＿＿

想法：感受到這些情緒時，腦海中有什麼樣的想法？請把它們寫下來。

為了解讀隱藏在情感背後的想法，請仔細傾聽並記錄自己的心聲，切勿操之過急。

想法1：

想法2：

想法3：

想法4：

想法5：

想法6：

② 對自己提問

**試著回答下列五個問題，衡量看看這個想法是否合理，
以及對自己是否有益。**

❶ 合理性

這個想法是事實，還是意見？真的合理嗎？如果合理，理由是什麼？如果不合理，背後又有哪些根據？假如這個想法有誤，問題出在哪裡呢？

❷ 效用性

假設這個想法完全合理或部分合理。但這個想法，對我有什麼影響呢？如果糾結於此，我能得到什麼好處，又會產生什麼樣的副作用？

❸ 轉換立場

如果朋友和我處於相同的情況，我會對朋友說些什麼呢？

❹ 鳥瞰

讓我們展翅高飛，成為在空中俯瞰一切的小鳥吧！試著考慮事件的背景和整體脈絡，以不同的角度來看待情況，如何？

❺ 瞬間移動與時光機

如果時間和地點不同，我還會有和現在一樣的想法嗎？

③ 重新解讀結果

結論與對策：思考過後，得出什麼樣的結論？ 應該選擇哪一種應對方式呢？

❶**結論**：什麼樣的想法，才是對自己最有幫助的均衡思考？

❷**對策**：我需要和想要的是什麼呢？假如可以選擇，怎麼做才會對我最有幫助？雖然這次碰到了負面結果，但有沒有哪些部分，是我日後可以改進或學習的？

國家圖書館出版品預行編目資料

守護我的關係心理學：認識 4 種溝通類型 ×49 個心理圈套，用英國 IAPT 10 週關愛課程照顧自己 / 安潔拉‧森著；張召儀譯 .-- 初版 .-- 臺北市：日月文化出版股份有限公司，2024.09
312 面；14.7*21 公分 .--（大好時光；83）
譯自：나를 지키는 관계가 먼저입니다
ISBN 978-626-7516-17-1（平裝）
1. 心理治療 2. 心理諮商 3. 人際關係
178.8   113011022

大好時光 83

守護我的關係心理學

認識 4 種溝通類型 ×49 個心理圈套，用英國 IAPT 10 週關愛課程照顧自己

나를 지키는 관계가 먼저입니다

作　　者：安潔拉‧森（안젤라 센）
譯　　者：張召儀
主　　編：俞聖柔
校　　對：俞聖柔、張召儀
封面設計：水青子
美術設計：水青子、LittleWork 編輯設計室

發 行 人：洪祺祥
副總經理：洪偉傑
副總編輯：謝美玲
法律顧問：建大法律事務所
財務顧問：高威會計師事務所
出　　版：日月文化出版股份有限公司
製　　作：大好書屋
地　　址：台北市信義路三段 151 號 8 樓
電　　話：（02）2708-5509　傳　真：（02）2708-6157
客服信箱：service@heliopolis.com.tw
網　　址：www.heliopolis.com.tw
郵撥帳號：19716071 日月文化出版股份有限公司

總 經 銷：聯合發行股份有限公司
電　　話：（02）2917-8022　傳　真：（02）2915-7212
印　　刷：軒承彩色印刷製版股份有限公司
初　　版：2024 年 9 月
定　　價：420 元
Ｉ Ｓ Ｂ Ｎ：978-626-7516-17-1

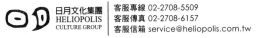
日月文化集團
HELIOPOLIS
CULTURE GROUP

客服專線 02-2708-5509
客服傳真 02-2708-6157
客服信箱 service@heliopolis.com.tw

日月文化集團 讀者服務部 收

10658 台北市信義路三段151號8樓

對折黏貼後，即可直接郵寄

日月文化網址：**www.heliopolis.com.tw**

最新消息、活動，請參考 FB 粉絲團

大量訂購，另有折扣優惠，請洽客服中心（詳見本頁上方所示連絡方式）。

大好書屋　　　　寶鼎出版　　　　山岳文化

EZ TALK　　　　EZ Japan　　　　EZ Korea

大好書屋・寶鼎出版・山岳文化・洪圖出版　EZ叢書館　EZ Korea　EZ TALK　EZ Japan

感謝您購買 ＿＿＿＿＿＿ 守護我的關係心理學

為提供完整服務與快速資訊，請詳細填寫以下資料，傳真至02-2708-6157或免貼郵票寄回，我們將不定期提供您最新資訊及最新優惠。

1. 姓名：＿＿＿＿＿＿＿＿＿＿＿＿＿＿＿　性別：□男　　□女

2. 生日：＿＿＿＿年＿＿＿＿月＿＿＿＿日　職業：＿＿＿＿＿

3. 電話：（請務必填寫一種聯絡方式）

   （日）＿＿＿＿＿＿＿（夜）＿＿＿＿＿＿＿（手機）＿＿＿＿＿

4. 地址：□□□＿＿＿＿＿＿＿＿＿＿＿＿＿＿＿＿＿＿＿＿＿

5. 電子信箱：＿＿＿＿＿＿＿＿＿＿＿＿＿＿＿＿＿＿＿＿

6. 您從何處購買此書？□＿＿＿＿＿＿縣/市＿＿＿＿＿＿書店/量販超商

   □＿＿＿＿＿＿網路書店　□書展　□郵購　□其他

7. 您何時購買此書？　　年　　月　　日

8. 您購買此書的原因：（可複選）

   □對書的主題有興趣　□作者　□出版社　□工作所需　□生活所需

   □資訊豐富　　□價格合理（若不合理，您覺得合理價格應為＿＿＿＿）

   □封面/版面編排　□其他＿＿＿＿＿＿＿＿＿＿

9. 您從何處得知這本書的消息：　□書店　□網路／電子報　□量販超商　□報紙

   □雜誌　□廣播　□電視　□他人推薦　□其他

10. 您對本書的評價：（1.非常滿意 2.滿意 3.普通 4.不滿意 5.非常不滿意）

    書名＿＿＿＿　內容＿＿＿＿　封面設計＿＿＿＿版面編排＿＿＿＿文/譯筆＿＿＿＿

11. 您通常以何種方式購書？□書店　□網路　□傳真訂購　□郵政劃撥　□其他

12. 您最喜歡在何處買書？

    □＿＿＿＿＿＿縣/市＿＿＿＿＿＿書店/量販超商　□網路書店

13. 您希望我們未來出版何種主題的書？＿＿＿＿＿＿＿＿＿＿＿＿

14. 您認為本書還須改進的地方？提供我們的建議？

    ＿＿＿＿＿＿＿＿＿＿＿＿＿＿＿＿＿＿＿＿＿＿

    ＿＿＿＿＿＿＿＿＿＿＿＿＿＿＿＿＿＿＿＿＿＿

    ＿＿＿＿＿＿＿＿＿＿＿＿＿＿＿＿＿＿＿＿＿＿

    ＿＿＿＿＿＿＿＿＿＿＿＿＿＿＿＿＿＿＿＿＿＿

生命，因閱讀而大好